中国民用航空工业年鉴
2015

工业和信息化部装备工业司　编

航空工业出版社
北　京

内 容 提 要

《中国民用航空工业年鉴》是我国民用航空工业首部具有综合性、资料性、史册性的编年性工具书，集中全面地反映了我国民用航空工业年度发展状况，真实记载了我国民用航空工业发展进程。《中国民用航空工业年鉴 2015》内容包括中国民用航空工业发展综述、主要民用航空工业地区发展概况、主要集团和重点企业发展概况，以及中国民用航空工业统计信息等几部分。

本书内容翔实、丰富，有助于国内外有关人士了解中国民用航空工业发展概况，并与之建立经济技术合作关系。

图书在版编目（CIP）数据

中国民用航空工业年鉴. 2015 / 工业和信息化部装备工业司编. -- 北京：航空工业出版社，2015.12

ISBN 978-7-5165-0914-2

Ⅰ. ①中… Ⅱ. ①工… Ⅲ. ①民用航空—航空航天工业—中国—2015—年鉴 Ⅳ. ①F426.5-54

中国版本图书馆 CIP 数据核字(2015)第 263338 号

中国民用航空工业年鉴 2015
Zhongguo Minyong Hangkong Gongye Nianjian 2015

航空工业出版社出版发行
（北京市朝阳区北苑路 2 号院 100012）
发行部电话：010-84936597 010-84936343

北京京华虎彩印刷有限公司印刷 全国各地新华书店经售
2015 年 12 月第 1 版 2015 年 12 月第 1 次印刷
开本：889×1194 1/16 印张：12.5 字数：373 千字
印数：1—1300 定价：120.00 元

中国民用航空工业年鉴 2015

前　言

《中国民用航空工业年鉴》是综合性、资料性的编年性工具书，力求全面、客观、真实地反映中国民用航空工业年度发展概况，记载中国民用航空工业发展进程，自2010年起已连续出版了5年。

《中国民用航空工业年鉴2015》（简称《年鉴2015》）的内容包括中国民用航空工业发展综述、主要地区发展概况、企业发展概况、中国民用航空工业统计数据4个部分。第一部分为中国民用航空工业发展综述，主要从发展规模与产业布局、航空产品与研发制造、经济运行与资金投入、国际合作与对外交流、产业促进与行业管理五个方面做总体介绍。第二部分为主要地区发展概况，介绍全国22个省及直辖市的民用航空工业基本情况、生产经营、主要产品、产品开发与技术进步、对外贸易合作和行业管理等情况。第三部分为企业发展概况，记录了全国3家主要集团公司和21家重点民用航空工业企业的技术优势和主要产品。

《年鉴2015》的第四部分为中国民用航空工业统计数据，是经国家统计局批准，根据工业和信息化部办公厅《关于开展民用航空工业行业统计和年鉴编制工作的通知》（工信厅装函［2015］143号），通过各省、自治区、直辖市民用航空工业管理部门，中国航空工业集团公司，中国商用飞机有限责任公司，中国航天科工集团公司和中国电子科技集团公司等进行调查统计的结果。其统计范围包括从事民用航空器、民用航空发动机、机载系统和设备、零部件、地面设备、随机工具等研发、制造和修理的规模以上企业单位和事业单位。中国民用航空工业统计数据主要内容包括综合情况，生产交付、新增和储备订单及转包生产，生产销售总值，主要经济指标等数据。

《年鉴2015》中所涉及的全国性统计数据包括中国规模以上民用航空工业企业（港、澳、台地区除外）；部分数据合计或相对数由于单位取舍不同而产生的计算误差均未进行机械调整；表中“空格”表示无该项数据；提供的信息、数据的时间截止到2014年12月31日。

《年鉴2015》是在工业和信息化部装备工业司主持下，在国家统计局指导下，在各有关省、自治区、直辖市民用航空工业管理部门，中国航空工业集团公司，中国商用飞机有限责任公司，中国航天科工集团公司，中国电子科技集团公司和各重点企业提供素材的基础上，在国家国防科技工业局信息中心的协助下，由中国航空工业经济技术研究院编辑完成。在此向所有参加年鉴工作的单位和人员表示感谢。

此外，在《年鉴2015》编辑过程中，为了行文一致及体现年度新变化，对材料做了必要修改和删减。特此说明。

《中国民用航空工业年鉴2015》编委会

2015年10月

目　　录

第一部分　综述 …… （1）

中国民用航空工业发展综述 …… （3）

第二部分　主要地区发展概况 …… （11）

北京市 …… （13）
天津市 …… （15）
河北省 …… （17）
山西省 …… （19）
辽宁省 …… （20）
吉林省 …… （24）
黑龙江省 …… （25）
上海市 …… （27）
江苏省 …… （30）
浙江省 …… （33）
福建省 …… （35）
江西省 …… （37）
山东省 …… （40）
河南省 …… （42）
湖北省 …… （44）
湖南省 …… （48）
广东省 …… （50）
四川省 …… （54）
贵州省 …… （58）
云南省 …… （60）
陕西省 …… （61）
甘肃省 …… （66）

第三部分　企业发展概况 …… （69）

中国航空工业集团公司 …… （71）
中国商用飞机有限责任公司 …… （74）
中国电子科技集团公司 …… （77）
中航工业西安飞机工业（集团）有限责任公司 …… （79）
中航工业哈尔滨飞机工业集团有限责任公司 …… （82）
中航工业西安航空发动机（集团）有限公司 …… （84）

中航沈飞民用飞机有限责任公司 …… (86)
中航工业成都发动机（集团）有限公司 …… (88)
中航工业成飞民用飞机有限责任公司 …… (90)
中航工业沈阳黎明航空发动机（集团）有限责任公司 …… (92)
中航工业贵州黎阳航空发动机（集团）有限公司 …… (94)
上海飞机制造有限公司 …… (96)
上海飞机客户服务有限公司 …… (98)
空中客车（天津）总装有限公司 …… (99)
天津波音复合材料有限公司 …… (100)
通用电气航空（苏州）有限公司 …… (101)
新宇航空制造（苏州）有限公司 …… (102)
厦门太古飞机工程有限公司 …… (103)
威海广泰空港设备股份有限公司 …… (105)
山东太古飞机工程有限公司 …… (107)
珠海保税区摩天宇航空发动机维修有限公司 …… (109)
广州飞机维修工程有限公司 …… (111)
深圳中集天达空港设备有限公司 …… (113)
广州航新航空科技股份有限公司 …… (115)
中国民用航空工业企事业单位名单 …… (117)

第四部分　中国民用航空工业统计数据 …… (127)

1　综合情况 …… (129)
1.1　全国民用航空工业企业综合情况 …… (131)
1.2　2014 年全国民用航空工业企业主要经济指标 …… (132)
1.3　2014 年各地区民用航空工业企业主要经济指标 …… (133)
1.4　2014 年全国民用航空工业企业分布 …… (134)
2　产品交付、新增和储备订单及转包生产情况 …… (137)
2.1　全国民用航空产品交付情况 …… (139)
2.2　各地区民用航空产品交付情况 …… (140)
2.3　各单位民用飞机交付情况 …… (141)
2.4　全国民用航空产品新增订单和储备订单 …… (142)
2.5　各单位民用飞机新增和储备订单 …… (143)
2.6　全国民用航空产品转包生产情况 …… (144)
2.7　各地区民用航空产品转包生产交付情况 …… (144)
2.8　各地区民用航空产品转包生产新增情况 …… (145)
2.9　各地区民用航空产品转包生产储备情况 …… (146)
3　生产销售总值 …… (147)
3.1　全国民用航空工业企业生产销售总值 …… (149)
3.2　2014 年各地区民用航空产品产值 …… (150)
3.3　2014 年各地区民用航空工业企业销售情况 …… (152)
4　主要经济指标 …… (153)

4.1　全国民用航空工业企业主要经济指标 …………………………………………（155）
4.2　2014年各地区民用航空产品收入 ………………………………………………（156）
4.3　全国民用航空工业企业经济效益综合指数 ……………………………………（157）
4.4　2014年各地区民用航空工业企业收入成本及效益 ……………………………（158）
4.5　2014年各地区民用航空工业固定资产投资和研发投入 ………………………（159）
5　附录 ……………………………………………………………………………………（161）

第一部分
综　　述

中国民用航空工业发展综述

2014 年，中国民用航空工业的产业规模继续呈扩大趋势，民用航空产品的研制、生产和销售情况良好，转包生产增长迅速，国际合作持续深入，行业管理有效加强。

一、发展规模与产业分布

（一）发展规模

2014 年，全国民用航空工业统计调查单位 147 家，这些单位主要分布在 23 个省、直辖市，年末从业人员 35.7 万人。按三大经济地带分，东部地区 81 家，中部地区 25 家，西部地区 41 家；按注册登记类型分，内资企业 131 家，港澳台商投资企业 6 家，外商投资企业 10 家，在内资企业中，有限责任公司 68 家，国有企业 28 家；按从业人员分，2000 人以上单位 52 家，1000～2000 人单位 17 家，300～1000 人单位 33 家，300 人以下单位 45 家。

2014 年，中国民用航空工业企业工业总产值 2345.3 亿元，其中民用航空产品产值 601.4 亿元（见图 1），同比增长 33.1%。民用飞机（不含无人机）整机产值 278.8 亿元，同比增长 31.5%（其中，引进总装生产的空客 A320 飞机产值 216.0 亿元，同比增长 24.4%）；民用飞机零部件产值 108.9 亿元，同比增长 7.8%；民用航空发动机零部件产值 31.7 亿元，同比增长 1.5%；民用飞机修理产值 87.2 亿元，同比增长 134.5%；民用航空发动机修理产值 39.1 亿元，同比增长 14.2%；民用飞机机载系统和设备产值 1.1 亿元，同比增长 411.9%；无人机产品产值 20.7 亿元。

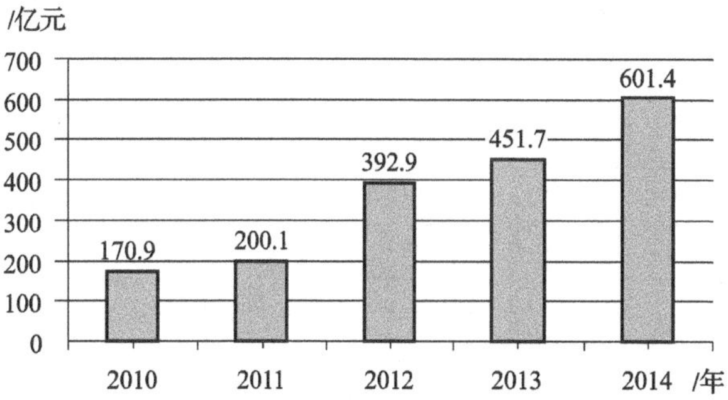

图 1　2010—2014 年中国民用航空产品产值情况

注：自 2012 年起，数据包括空客 A320 引进总装生产线飞机产值；自 2014 年起，数据包括无人机产品产值

从各地区情况看，排名前三位的是天津市（218.1 亿元）、广东省（94.8 亿元）、陕西省（83.9 亿元），见图 2。

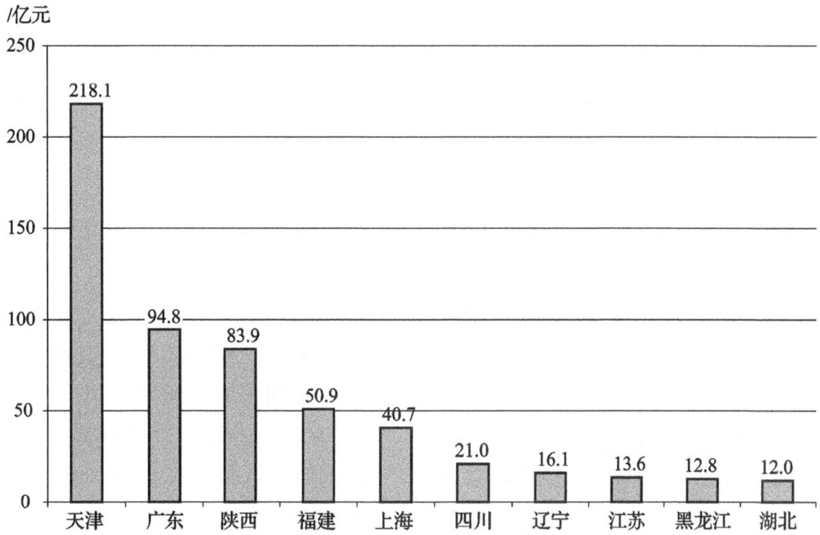

图 2　2014 年民用航空产品产值前十名省、直辖市

（二）产业分布

在纳入2014年全国民用航空工业统计调查的147家企事业单位中，中国航空工业集团公司（简称中航工业）下属企事业单位有61家，产值占全国民用航空产品产值的26.1%；中国商用飞机有限责任公司（简称中国商飞公司）下属企事业单位有6家，产值占6.7%；中国电子科技集团公司（简称中国电科）下属企事业单位有5家，产值占0.6%；中国航天科工集团公司下属企事业单位有3家，产值占0.1%；其他民用航空工业企业有72家，产值占66.5%，比上年有所提高。

与2013年相比，2014年民用航空产品收入排名前十的企业变化较小（见表1），新进入前十名的企业有一家，即深圳市大疆创新科技有限公司，该公司在2013年未统计。前十名企业的民用航空产品收入占全国民用航空产品收入的72.5%，比上一年的77.7%有所下降。

表1　2014年民用航空产品收入前十名企业

名次	单位名称	2013年排名
1	空中客车（天津）总装有限公司	1
2	中航工业西安飞机工业（集团）有限责任公司	2
3	珠海保税区摩天宇航空发动机维修有限公司	3
4	广州飞机维修工程有限公司	5
5	厦门太古飞机工程有限公司	7
6	深圳市大疆创新科技有限公司	未统计
7	中航工业哈尔滨飞机工业集团有限责任公司	6
8	中航工业西安航空发动机（集团）有限公司	8
9	中航工业沈飞民用飞机有限责任公司	9
10	深圳中集天达空港设备有限公司	10

在产品地域分布方面，我国已基本形成如下的产业分布：以上海、陕西及天津为基地，依托现有骨干企业发展民用干支线飞机；依托哈尔滨、石家庄、珠海、成都和荆门等优势地区发展大中型通用飞机、公务机和特种飞行器；依托景德镇、哈尔滨和天津等优势地区发展大中型直升机；天津、沈阳、南京和滨州等多地航空产业园区和企业发展轻小型通用飞机和直升机。此外，我国形成了以深圳、北京、天津和武汉等多地为中心的无人机研制生产格局。

在国家政策引导和市场需求推动下，各地发展航空产业的热情不断高涨。目前，国家发展改革委员会批准建设了10家国家级航空产业园区，分别是西安阎良国家航空高技术产业基地、珠海航空产业园、北京航空产业园、长春航空产业园、南昌航空工业城、天津滨海航空城、成飞航空高科技产业园、沈阳航空产业园、宝鸡航空装备产业园、株洲航空城等。

二、航空产品与研发制造

2014年，民用航空工业研发与产销均呈较好趋势。中国民用航空工业产品现已逐步形成涡桨支线飞机、中型货运飞机、小型直升机、中型直升机、大型直升机、客货混装多用途飞机、农林专用飞机、小型通用飞机、教练机、无人机等自主产品系列，自主研制的涡扇支线飞机已经取得中国民用航空局颁发的型号合格证并即将交付客户，正在研制大型客机、先进多用途中型直升机、大型灭火/救援水陆两用飞机等。运12飞机首次出口美国，这是我国民机首次进入发达国家市场，实现了历史性的突破。

（一）产品交付

2014年，中国民用航空产品交付金额显著增长，交付金额总计567.3亿元，同比增长36.2%。其中，民用飞机（不含无人机）整机交付金额246.7亿元，同比增长27.5%（其中引进总装线生产飞机216亿元，占38.1%，同比增长24.4%）；民用飞机零部件98.8亿元，占17.4%，同比增长19.1%；民用发动机零部件34.8亿元，占6.1%，同比增长11.8%；民用飞机修理（不含发动机）77.9亿元，占13.7%，同比增长106.6%；民用航空发动机修理39.1亿元，占6.9%，同比增长19.6%；无人机产品交付金额28.5亿元，占5.0%。如图3所示。

全年实现民用飞机（不含无人机）交付179架。在产在销机型主要包括："新舟"60/600涡桨支线飞机；空客A320引进总装生产线干线客机；运12系列多用途双发涡桨、运5B单发活塞、"小鹰"500轻型多用途、赛斯纳"凯旋"208B轻型多用途、DA40 TDI轻型、A2C超轻型水上飞机等固定翼通用飞机；2吨级AC311、4吨级AC312、13吨级AC313等民用直升机。另外，无人机交付

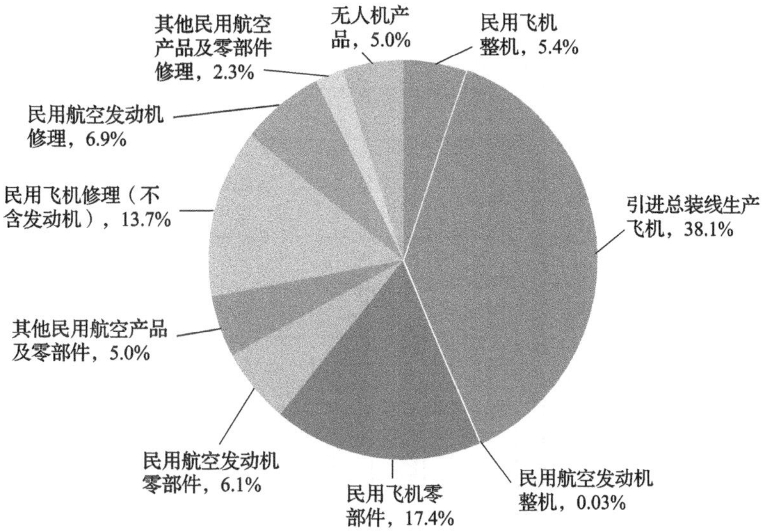

图3 2014年民用航空产品交付金额构成

312150架，其中主要是占交付总量96.1%的300000架Phantom消费类无人机。

自2007年至2014年年底，我国已累计交付民用飞机1213架（不含无人机）。其中，“新舟”60交付14架，累计交付92架；空客A320交付47架，累计交付200架；通用飞机交付101架，累计交付668架；直升机交付17架，累计交付98架。尽管中国民用飞机（不含无人机）交付量继续保持增长态势，但总量与世界航空强国相比仍有较大差距（见图4和图5）。另外，无人机累计交付470263架，其中主要是占累计交付总量95.7%的450000架Phatom消费类无人机。

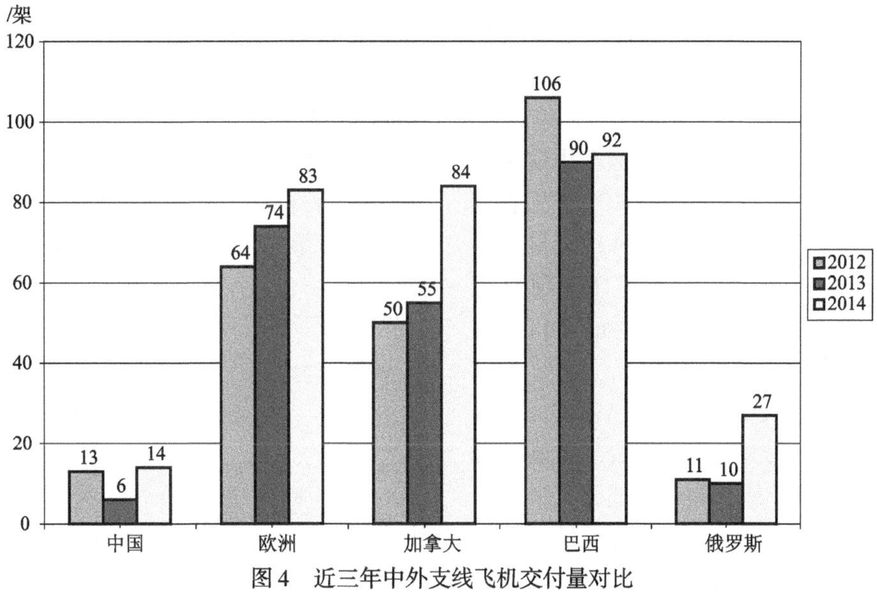

图4 近三年中外支线飞机交付量对比

（数据来源：Speednews，国家国防科技工业局信息中心）

（二）产品研发

2014年，我国民用飞机多机种、多机型研发突破重大节点。C919大型客机、ARJ21－700新支线飞机、大型灭火/水上救援水陆两栖飞机和先进多用途中型直升机等重点产品研制进展顺利。

C919大型客机。2014年，C919大型客机实现首架机机身成龙，完成翼身对接，建成总装移动生产、中机身装配、中央翼装配、水平尾翼装配、全机对接装配5条国际先进生产线。全面开展铁鸟试验、航电试验、工程模拟器试验等系统研发试验，在美国GE公司进行了发动机空台试验。

ARJ21－700新支线飞机。2014年12月30

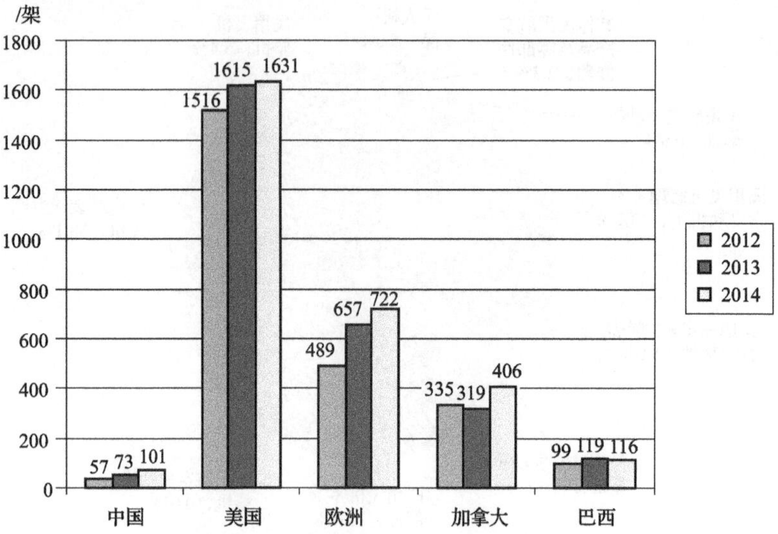

图 5　近三年中外通用飞机交付量对比

（数据来源：GAMA，国家国防科技工业局信息中心）

日，ARJ21－700 飞机取得了中国民用航空局型号合格证，标志着我国首款按照国际标准自主研制的喷气式支线飞机通过适航审定，具备可接受的安全水平，具备航线运营的基本条件。

大型灭火/水上救援水陆两栖飞机项目。2014 年 12 月 29 日，AG600 大型灭火/水上救援水陆两栖飞机首个大部件中机身实现下架，标志着我国研制的 AG600 飞机试制工作取得重要的阶段性成果。

EC175/AC352 型 6～7 吨级先进多用途中型直升机项目。2014 年 1 月 30 日，EC175 型直升机正式获得欧洲航空安全局（EASA）型号合格证；2014 年 7 月 18 日，EC175/AC352 项目正式获得 EASA 颁发的生产组织许可证（POA）。PT02 架机开展总装工作。

运 12F 多用途通用飞机项目。已基本完成科研试飞、取证试飞、局方试飞的符合性试验验证工作，并完成美国联邦航空局局方试飞工作。

“海鸥”300 轻型水陆两栖飞机项目。已完成水上科研试飞补充科目试飞工作，正在进行水上验证试飞准备；完成 03 架机单机首飞，正在进行陆上科研试飞工作。

农 5B 农林飞机项目。完成 2 架样机首飞、试飞测试改装、调整试飞，适航试飞已接近尾声。

L7 运动/教练型飞机。2014 年 5 月，L7 运动/教练型飞机完成全机悬空静力试验，6 月完成地面试车试验，并按要求进行适航飞行。

（三）产品订单

2014 年，民用飞机（不含无人机）新增订单 222 架，其中，新增确认订单 160 架，新增意向订单 62 架。截至 2014 年年底，民用飞机（不含无人机）储备订单 887 架，其中，确认储备订单 447 架，意向储备订单 440 架，包括 ARJ21－700 新支线飞机确认储备订单 120 架，“新舟”60 确认储备订单 103 架，C919 干线客机确认储备订单 196 架（见图 6）。另外，无人机新增订单 557379 架，其中，新增确认订单 472603 架（含 452500 架 Phantom 消费类无人机），新增意向订单 84776 架（含 54600 架 Phantom 消费类无人机）。

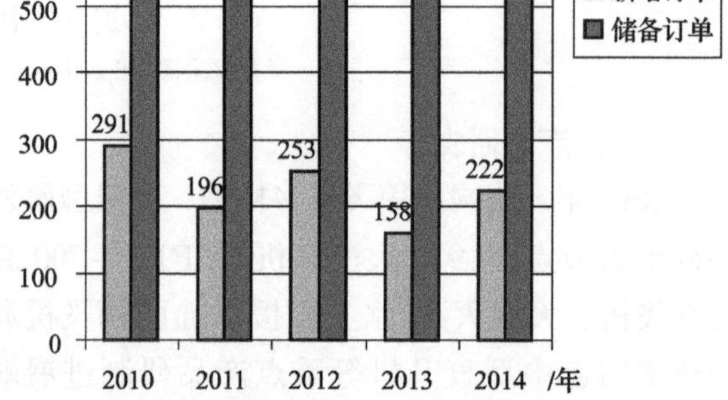

图 6　2010—2014 年中国民用飞机

（不含无人机）订单情况

从储备订单情况看，中国支线飞机确认储备订单基本保持平稳，与其他国家和地区相比略处于有利地位；干线飞机确认储备订单略有减少，而且与处于垄断地位的美国和欧洲地区相比差距悬殊（见图7和图8）。

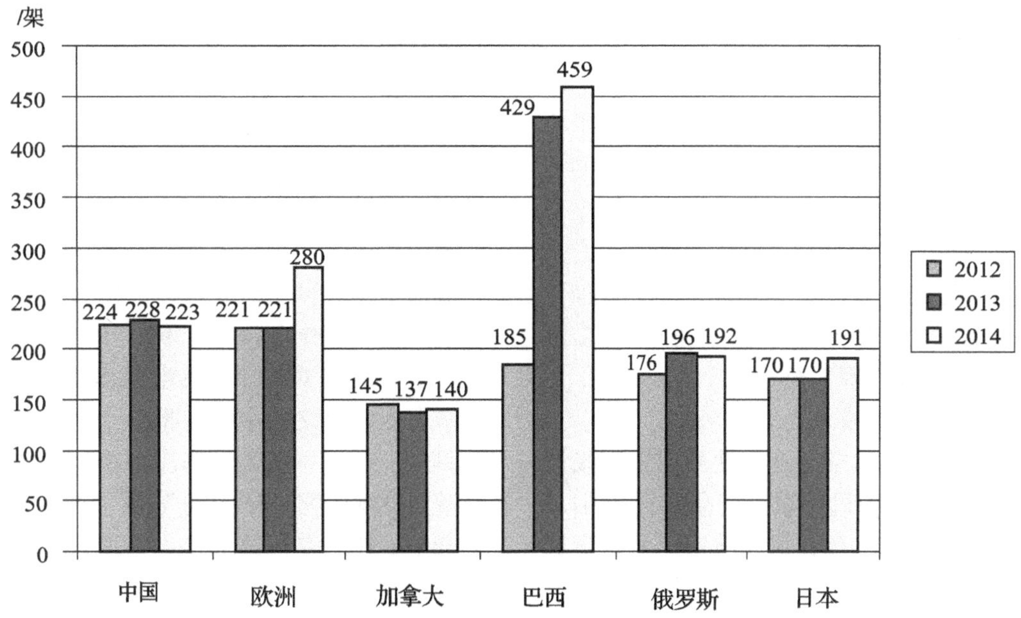

图7　近三年中国与国外支线飞机确认储备订单对比
（数据来源：Speednews，Bombardier 官网，Mitsubishi 官网，Superjet International 官网，国家国防科技工业局信息中心）

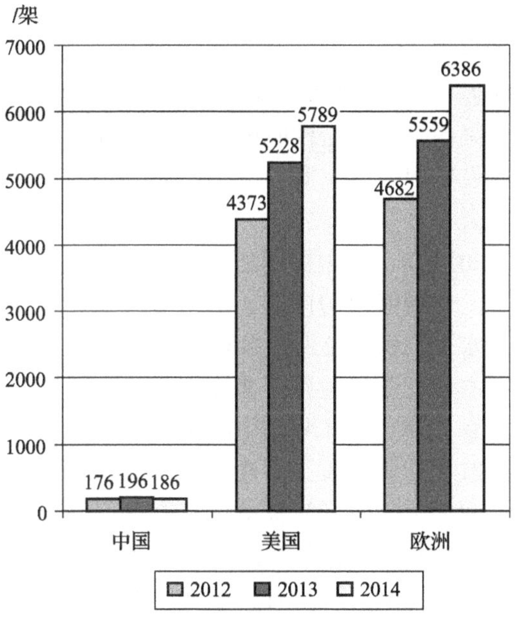

图8　近三年中国与国外干线飞机确认储备订单对比
（数据来源：Speednews，国家国防科技工业局信息中心）

（四）转包生产

2014年，转包生产增长较快，年交付金额17.0亿美元，同比增长7.1%（见图9），其中飞机零部件10.4亿美元，同比增长9.6%；发动机零部件5.1亿美元，比上年增长2.5%；其他民用航空产品及零部件1.5亿美元，同比增长6.8%。转包生产新增订单10.4亿美元，同比下降34.8%。截至2014年年底，储备订单27.8亿美元，同比下降13.2%。

从各地区情况看，民用航空产品转包生产主要集中在陕西省、辽宁省、四川省，转包生产交付金额分别占全国的34.7%、19.9%、16.7%。

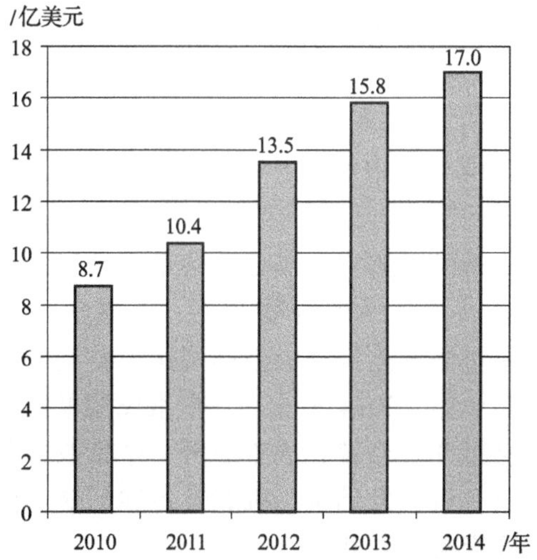

图9　2010—2014年中国民用航空产品转包生产交付金额

三、经济运行与资金投入

（一）经济运行效益

2014 年，我国民用航空工业经济运行主要指标均位于较快上升区间。民用航空工业企业资产总计 4448.5 亿元，负债合计 2586.9 亿元，所有者权益合计 1878.0 亿元，资产负债率 58.2%；实现主营业务收入 2573.5 亿元，同比增长 5.8%，其中民用航空产品收入 593.7 亿元，同比增长 21.9%，民用航空产品收入占企业营业收入的 23.1%，比上年的 20.0% 增加了 3.1 个百分点。民用航空工业企业利润总额 128.8 亿元，同比下降 3.6%。

（二）固定资产投入

2014 年，民用航空工业企业固定资产投资额 203.9 亿元，其中民用航空产品投资额 61.5 亿元，同比增长 57.9%，民用航空产品投资额占企业全部投资的 30.2%，与上年的 26.3% 略有增加。

2014 年，民用航空工业企业研究与试验发展经费支出 204.7 亿元，其中民用航空产品 67.2 亿元，比上年增长 70.0%，研究与试验发展经费支出占主营业务收入比重为 7.9%，研究与试验发展人员占全部从业人员的比重为 16.6%，工程技术人员占全部从业人员的比重为 24.1%。

四、国际合作与对外交流

2014 年，中国民用航空工业领域的国际交流与合作继续深入。政府间的交流与沟通机制更加紧密，工业合作领域不断拓展，科技合作层次不断提升，企业间合作项目稳步推进。

（一）政府间对话与合作机制

2014 年，中俄、中法、中欧在民用航空工业领域的交流与合作成果显著。

中俄民用航空合作分委会是中俄总理定期会晤委员会下设的分委会之一，成立于 2006 年，主要职责是推动中俄两国民用航空领域的交流与合作。2014 年 6 月，中俄民用航空合作分委会第九次会议在成都召开，中俄双方就飞机、直升机、发动机、机载设备和适航等领域的合作交换了意见。

中法民用航空工业合作工作组会议是根据工业和信息化部与法国民航总局于 2010 年 8 月签署的《中法民用航空工业合作谅解备忘录》确定的，旨在交流两国民用航空工业发展情况，促进双方交流与合作的会议，每年定期在两国轮流举办。2014 年 7 月，中法民用航空工业合作工作组第三次会议在法国巴黎召开，中法双方就飞机、直升机、发动机和空中交通管理等领域的合作进行了回顾和讨论。

在中国与欧盟科技合作的框架下，工业和信息化部及欧盟委员会研究与创新总署联合对等资助中国航空研究机构和欧盟科研机构合作开展航空领域科技研究课题。2014 年 3 月，中欧航空科技合作会议在比利时布鲁塞尔顺利召开，双方确定了下一步航空合作项目，同时双方联合出资设立的中欧首批 2 个航空科技合作项目之一——“基于雷诺应力控制的流动分离和减阻技术研究（MARS）”项目结题验收，标志着中欧在航空科技合作方面取得了阶段性成果。

（二）企业间国际交流与合作

为了加强民用航空工业企业间的国际交流与合作，工业和信息化部支持民用航空工业企业和研究机构在航空基础和前沿技术领域开展国际合作研究；支持企业采用多种形式扩大航空转包生产，鼓励国际合作研制民用航空产品，支持国内企业参与国际航空工业风险合作和分工，鼓励国外供应商参与国内航空项目的风险合作。

2014 年，中国民用航空工业企业在努力提升自主创新能力的同时，不断提升国际合作层次和水平，积极融入世界航空产业链。

中航工业与世界著名民用航空工业企业合作关系良好。2014 年是中法建交 50 周年，中法两国航空企业签署了多项合作协议。中航工业与空中客车公司（简称空客）召开了战略协同会议（SFM）跟进会议，双方就 2013 年战略协同会议纪要中明确的有关问题进行了讨论和协调，并达成了共识；中航工业直升机和空客直升机公司签署了共同生产 1000 架新一代 EC175/AC352 直升机的协议，按照各自承担 50% 工作份额的原则，均等承担 EC175/AC352 的批产工作，双方将继续在同一个平台，生产两型不同的直升机；中航工业与空客签署客舱合作备忘录，空客对中航工业的技术能力和生产能力进行初步评估；中航工业与法国赛峰集团签署了民用涡桨发动机合作谅解备忘录（MOU），以及民用涡桨发动机合作协议备忘录（MOA），双方将在中国建立一个全新的合资企业，各占50%股份；中国南方航空工业（集团）有限公司与斯奈克玛公司签署了民用涡桨发动机部件合作框架协议，标志着中航工业与赛峰集团的合作迈上了一个新的台阶。中航工业与美国航空企业也开展了多项合作，中航工业在2013年获得波音有限资质座椅供应商认证的基础上，已正式启动与波音公司在原型机座椅项目上的合作；中航通飞华南公司与赛斯纳飞机公司合资成立珠海中航赛斯纳飞机有限公司，合作生产赛斯纳“奖状”560XLS+喷气式公务机，达到年产10架的能力。

中国商飞公司不断深化国际合作，与美国通用电气公司（GE）、联合技术、霍尼韦尔等16家国际航空工业企业建立了战略合作关系。2014年，中国商飞公司与空客在上海签署非竞争领域合作谅解备忘录。同时，中国商飞公司不断完善合作伙伴高层互访交流机制，稳步推进与波音、俄罗斯联合飞机制造公司（UAC）、庞巴迪、福克等公司的合作项目，并与国外16家教育培训机构开展良好合作。

2014年，在范堡罗、新加坡和珠海国际航展上，以中航工业、中国商飞公司等为代表的中国民用航空工业企业向世界展示了中国民用航空工业的整体实力和最新成果，促进了民用航空领域的国际合作与交流。

五、产业促进与行业管理

目前，中国民用航空工业面临难得的发展机遇。国家积极培育发展战略性新兴产业，继续实施大型飞机重大专项，促进通用航空发展，并做好民用航空工业“十三五”规划思路研究工作。

2014年10月31日，国务院印发通知正式颁布《政府核准的投资项目目录（2014年本）》。为进一步深化投资体制改革和行政审批制度改革，加大简政放权力度，首次将部分飞机制造项目下放至省级政府核准。其中干线支线飞机、6吨/9座及以上通用飞机和3吨及以上直升机制造项目仍由国务院投资主管部门核准，而6吨/9座以下通用飞机和3吨以下直升机制造项目改由省级政府核准。

2014年6月11日，国家发展和改革委员会办公厅、财政部办公厅、工业和信息化部办公厅联合发布《关于组织实施2014年智能制造装备发展专项的通知》，继2011年、2012年和2013年之后，继续组织实施智能制造装备发展专项，其中重点推进飞机制造等领域的智能制造成套装备的系统集成与应用。

2014年，工业和信息化部会同国家发展和改革委员会、科技部、财政部、国家质量监督检验检疫总局、工程院等部门和单位联合编制《中国制造2025》。《中国制造2025》由中国工程院院士参与起草，弱化了以往规划中“五年”规划的时间限制，直接考虑的是未来十年的工业发展政策，规划年限扩展到2025年，更注重中长期规划。《中国制造2025》涉及整个制造业，重点发展航空航天装备在内的十大领域。

2014年，工业和信息化部制定航空产品生产基本条件标准，规范企业生产。组织制定民用无人驾驶航空器系统设计、生产基本条件标准，起草编制《民用无人驾驶航空器系统设计单位基本条件及评价方法》和《民用无人驾驶航空器系统生产单位基本条件及评价方法》两项行业标准。

2014年，工业和信息化部组织编辑出版了《中国民用航空工业年鉴2014》，以及组织编辑了《中国民用航空工业企事业单位概览》，开展行业统计，为各级政府政策和规划制定、行业交流及企业投资决策提供参考，提高公共服务水平。

各地政府重视发展民用航空工业，一些地区重点发展通用航空。天津市编制并印发了《天津市民用航空产业三年行动计划（2015—2017年）》，湖北省编制上报了《湖北省航空产业发展规划（2015—2020）》，湖南省颁布了《关于支持航空装备产业发展的若干政策措施》，上海市提前启动《上海民用航空产业“十三五”发展规划》前期思路研究工作，积极做好航空产业发展规划。北京市编制上报了《关于推进北京通用航空发展的指导意见》，浙江省编制完成了《浙江省通用机场发展规划》，湖南省出台了《湖南省通用航空发展规划（2013—2020）》，云南省加快研究出台“十三五”云南省通用机场发展规划，统筹本地区通用航空发展。

第二部分

主要地区发展概况

北京市

一、本地区基本情况

截至2014年年底，北京市民用航空工业企事业单位超过30家。规模以上企业20余家，其中地方企业10余家。

主要航空企事业单位：中航工业下属中航发动机有限责任公司、北京航空材料研究院、中航复合材料有限责任公司、北京青云航空仪表有限公司、北京青云航电科技有限公司、北京长空机械有限责任公司、北京曙光航空电气有限责任公司、北京航空制造工程研究所、北京航空精密机械研究所、北京百慕航材高科技股份有限公司等。其他整机及配套企业：北京通用航空有限公司、中俄直升机制造（北京）有限公司、北京科源轻型飞机实业有限公司、北京臻迪智能科技有限公司、北京金朋达航空科技有限公司、北京中航智科技有限公司、铱格斯曼航空科技集团有限公司、北京北摩高科摩擦材料有限责任公司、北京韦加航通科技有限责任公司、北京浩天翼航空技术有限公司等。维修及保障企业：北京飞机维修工程有限公司、北京金轮坤天特种机械有限公司、北京凯兰航空技术有限公司、北京安达维尔科技有限公司、北京丰荣航空科技有限公司、北京科荣达新技术有限公司、北京欧拓技术有限公司、泰雷兹航空电子（北京）有限公司、北京华安天诚科技有限公司、北京锐创信通科技股份有限公司等。

二、生产经营情况

2014年，北京市民用航空工业实现工业总产值38.2亿元，产值亿元以上企业13家。

三、主要产品

（一）民用飞机

“蓝鹰”AD200系列轻型多用途飞机，FH系列、TD220、TC、WD100、WD200、HW13、“开拓者”“瞭望者”系列无人机等。

（二）航空发动机

民用航空发动机钛合金铸件、民用直升机发动机燃油调节系统。

（三）航空设备及系统

自动飞行控制系统、机载设备综合检测系统、综合显示设备、航空陀螺仪表、加速度计、无线电高度表、无线电罗盘、吊舱等。

（四）其他民用航空产品

钢制、粉末冶金及碳/碳复合材料刹车产品。

各种异型、薄壁支板，各种轴承支撑座、飞机机身肋板等钛合金铸件。

航空隐身座舱玻璃、驾驶员抗坠毁座椅、驾驶员座椅、操作员座椅、旅客座椅等。

空域管理和机场调度平台、ADS－B空管系统、机场塔台辅助指挥信息系统、自动激光驱鸟器等地面设备。

有杆、无杆两大系列共十余种牵引车及电动牵引车、系列挂装车等特种车辆产品。

（五）相关产业的产品及服务

空域规划评估和管理服务、航空器机载设备及部附件维修、地面测试设备研发制造维护、飞机加改装、低空安全监视系统等。

四、产品开发与技术进步

北京臻迪智能科技有限公司是提供智能无人系统、大数据分析及可视化系统、虚拟仿真系统等技术咨询服务及开发的高科技企业。该公司在无人机、飞控、大数据挖掘分析、虚拟仿真等领域拥有多项技术专利，融合应用人工智能、无人系统、大数据等先进软硬件技术，可为不同行业用户提供一体化的产品及服务。

北京金朋达航空科技有限公司是集无人机、航空发动机和仿真系统的研制、生产、销售、服务为一体的高新技术企业。该公司通过自主研发，在飞控、导航、材料等领域取得技术突破，成功研制出高亚声速无人飞行器，可应用于军事和民用多个领域。

五、对外贸易与合作

2014年12月20日，北京通用航空有限公司与新西兰太平洋航空航天有限公司（PAL）签署并交换北汽集团收购PAL部分股权协议，以及北汽集团、PAL合资建立北京泛太平洋航空有限公司协议，未来北京通用航空公司将与PAL合作，不仅在通用航空领域共同进行研发、设计、生产，还要重点在运营服务领域取得突破。

六、重大基础设施建设

（一）北京通用航空产业基地

北京通用航空产业基地是2011年12月由北京市经济和信息化委员会、北京市发展和改革委员会、北京市科学技术委员会批准挂牌的通用航空产业园区。将发展以通航研发、制造为核心，集通航维修、运营飞行、会展销售、教育培训于一体的通用航空现代服务业集聚区。基地内P750飞机项目用地已获得控规审批，进入土地一级开发阶段。此外，位于平谷区马坊的综合机库工程、石佛寺起降点跑道工程基本完工，进驻各类通用航空企业20余家。

（二）北京金朋达航空科技有限公司航空装备研发产业化项目

北京金朋达航空科技有限公司在北京市房山区投资1.7亿元，新征用地20亩，建设航空装备研发产业化项目，发展无人机研制和应用。项目于2012年7月开工建设，计划2015年7月竣工，截至2014年年底，项目已开始进行小批量试制。

七、行业管理主要工作

一是完善行业政策规划体系。编制上报了《关于推进北京通用航空发展的指导意见》，统筹全市通用航空发展。

二是加快构建高精尖产业结构。推进北京通用航空产业基地建设和中俄直升机、北京通航P750飞机等重点项目实施。

三是推进运营服务体系建设。按照京津冀协同发展的思路，加强同北京周边地区和机场的联系，推动通用航空网络化运营服务体系建设。

（北京市经济和信息化委员会）

天津市

一、本地区基本情况

2014年，天津市民用航空工业整机制造和配套规模以上企业有9家，主要包括：空中客车（天津）总装有限公司、中航直升机有限责任公司（简称中航工业直升机）、航天神舟飞行器有限公司、西飞国际航空制造（天津）有限责任公司、古德里奇航空结构服务中国有限公司、PPG航空材料（天津）总装有限公司、天津波音复合材料有限责任公司、天津航空机电有限公司、天津全华时代航天科技发展有限公司等。

二、生产经营情况

2014年天津市民用航空工业企业实现工业总产值235.7亿元，实现利润35.6亿元。

三、主要产品

（一）民用飞机

空客A320系列引进总装生产线飞机：空客天津总装线主要总装A319和A320飞机，生产速率为每月4架，2014年全年共交付A320系列飞机47架，累计交付超过200架。

直升机：中航工业直升机天津生产基地已建成AC311、AC312两条生产线，基本具备年产70架AC312、AC311两型机的总装能力。

无人机：包括“彩虹”系列无人机、“双头鹰”无人机、“蝠鲼”无人机、G500系列无人电动固定翼飞机、Z20系列无人电动直升机等。

（二）航空设备与系统

产品包括飞机配电系统、飞机环控系统、飞机点火系统和飞机防火系统的各种电磁继电器、温度继电器、高能点火装置、火警探测器、温度控制盒、力臂自动调节器等。

（三）航空配套产品

A319/A320系列飞机机翼、缝翼的总装生产，应用于航空领域的钛合金类紧固件、高温合金发动机及发动机类紧固件等；应用于航空器的涂料、密封胶及相关产品、风挡玻璃、客舱玻璃、座椅、复合材料次结构件和内装饰件等。

（四）航空维修改装及服务

为空客提供飞机短舱组装及维修服务的古德里奇公司项目；提供空客A320深度检测和飞机深度大修的海特飞机维修基地；应用于ARJ21－700、“新舟”600、C919、A320、波音737等航空器模拟训练的飞行训练设备、工程仿真平台和维护训练设备；飞机租赁服务等。

四、产品开发与技术进步

空客二期合作计划正式签署，合作期延长至2025年，空客天津总装线将提高产能并增加空客A320neo总装，空客A330宽体机项目落户。“新舟”700飞机简易工程模拟器研发进展顺利，C919显示系统工程座舱模拟系统交付使用。

航天神舟飞行器有限公司对现有成熟型号进行数字化生产线改进设计，完成了国内第一条以无人机生产为应用对象的数字化管理系统的构建，实现了生产线的信息化、数字化管理，打通了生产管理的计划控制线、物流控制线、质量控制线，建立了产品设计、制造数字化的无人机生产线。

五、对外贸易与合作

天津波音复合材料有限责任公司主要生产和销售用于国际商用飞机的高质量复合材料次结构件和内装饰件，拥有美国波音公司和赫氏公司的质量和生产资格认证，目前产品主要供应美国波音公司，同时还为奥地利菲舍尔公司、英国Spirit公司、韩国KAI公司提供用于波音737、波音747、波音767、波音777、波音787

飞机的复合材料部件。

六、重大基础设施建设

2014 年，天津海特飞机整机维修基地一期工程建设完成，基地占地面积 240 亩①，总投资 5 亿元，基地全部建成后可同时进行 9 架空客 A320/波音 737 飞机、4 架公务机和 2 架宽体机（波音 747/波音 777 等）的深度定检。

七、行业管理主要工作

一是积极做好产业发展规划。编制并印发了《天津市民用航空产业三年行动计划（2015—2017 年）》，明确了天津市未来三年民用航空发展的总思路和总目标，提出了具体的政策措施和重点工作。

二是加强项目建设，培育、壮大产业链。空客二期、庞巴迪公务机维修、法国透博梅卡直升机发动机维修等一批项目积极推进，进展顺利。

三是不断营造良好发展环境。一方面积极开展民用航空统计年报和民用航空工业年鉴编撰工作，加强行业统计管理和经济运行监测；另一方面积极协调有关部门，加强项目建设和科研生产中土地、资金等协调保障，为企业做好服务。

（天津市国防科技工业办公室）

① 1 亩 = 666.67 米^2。

河北省

一、本地区基本情况

截至2014年年底，河北省民用航空企业整机制造和配套规模以上企业共3家，主要包括中航工业通飞华北飞机工业有限公司（简称中航通飞华北公司，隶属于中国航空工业集团公司通用飞机有限责任公司）、保定惠阳航空螺旋桨有限责任公司（简称中航工业惠阳，隶属于中国航空工业集团公司直升机有限责任公司）、保定向阳航空精密机械有限公司（简称中航工业向阳，是中国航空工业集团公司的全资子公司）。

河北省从事航空关联产业人员近5000人，拥有国家级企业技术中心。

二、生产经营情况

2014年河北省主要民用航空工业企业主营业务收入11.64亿元，同比增长30.8%。工业增加值4.3亿元，实现利润0.45亿元，同比减少13.5%。（注：中航通飞华北公司2014年进入发展快车道，实现营业收入52098万元，同比增长53%；利润2868万元，同比增长108%。2014年共生产销售各类通用飞机41架，同比增长36.7%。其中，运5B飞机12架；“小鹰”500飞机通过不断改进改型后已经成为国内小型通用飞机市场的主力机型，并出口东南亚、南非等地，2014年共生产交付15架；赛斯纳208B飞机14架。另外两家公司均有大量固定资产投入和贷款，利润减少。）

三、主要产品

（一）民用飞机

运5B系列多用途飞机、“小鹰”500轻型飞机、“海鸥”300型水陆两栖飞机、赛斯纳“凯旋”208B飞机。

（二）航空产品研发和制造

航电设备研发和制造，运12和运8飞机部件研发和制造，航空螺旋桨研发和制造、直升机旋翼毂、尾桨、调速器、顺桨泵等动力部件的研发和制造；航标（HB）系统组合夹具的研发和制造，中航工业数控设备修理改造和技术支持；航空精密机械机构研发与制造（系列挂架产品、航空仪表零部件、救生装备零部件）。

（三）航空维修及服务

通航作业和相关服务、运5/运5B飞机大修业务。

四、产品开发与技术进步

“海鸥”300水陆两栖飞机。它是填补国内空白的水陆两栖飞机研制项目，预计2015年完成适航试飞工作，取得中国民航局型号合格证。

运15－2000飞机。它是单发涡桨多用途飞机，是一款以国内中低端市场为主要目标的低成本飞机，为运5B飞机的后继机，是通航用户的升级产品，目前正在进行方案设计。

螺旋桨。“蛟龙”600配套螺旋桨项目已与通飞公司签订了框架合作协议，正在开展适航取证工作，项目建议书已完成评审，待批复立项。5000kW发动机配套螺旋桨，研制正在与主机厂所进行技术对接，完成了接口文件编制，完成了系统设计方案，并与主机厂进行了初步评审。“新舟”600飞机螺旋桨研制工作，已编制了初步技术方案，正在与主机厂进行技术对接。发动机复材构件研究工作，正在与中航工业商发合作，目前，项目进展情况良好。“小鹰”700螺旋桨的研制工作，已完成了样机试制及产品质量评审。

航空精密机械。2014年度开发的新产品项目有中型槽系组合夹具正弦台系列项目、鼓板液压夹具系统项目、大型盘环类零件用组合夹具项目、航空用松不脱组合部件项目、多位型立式珩磨机的研发与创新项目、叶片专用带锯床（G5125）项目。

五、对外贸易与合作

中航通飞华北公司与美国赛斯纳公司合作，引进“空中国王”350双发涡桨高性能飞机，在合资公司合作生产；启动与赛斯纳公司和西瑞公司两款新机型合作研制工作；开拓视野，积极与国外通用飞机设计、制造企业合作，与中东欧国家加强联系，寻找合作机会。

保定向阳航空精密机械有限公司加强与意大利吉拉蒂公司的合作。扩大向阳吉拉蒂合资公司产能，将供应美洲、亚洲的方箱产品转移到保定生产，零点定位系统技术图样也交由保定向阳研制。

六、重大基础设施建设

2014年，河北省在建三个航空产业园区（基地）。

中航通飞华北公司通用航空产业基地项目二期建设项目。总投资20亿元（其中：固定资产投资12亿元），拟新征土地850亩（目前已获得二期建设土地指标600亩），建设期为2014年底至2016年。项目新建整机检测、维修厂房，中美合资公司新机型生产厂房、合作研制新机型，新建通勤航站楼、机务保障楼以及通航服务设施等50000米^2，将原有1200米试飞跑道的2B级通航机场改扩建至跑道长1800米的3C级通航机场，新建停机坪110000米^2。

保定惠阳科技工业园项目。该项目占地454.9亩，规划总建筑面积151930米^2，安排新建建筑面积130080米^2，预留21850米^2，批复建设费用161257万元。到2014年底，一期工程的工业CT厂房、复材厂房、机加厂房、研发中心楼、倒班宿舍、总装厂房、动力中心、配电站等主体厂房完成工程建设并投入运营，建设面积共计87997米^2，全面进入设备安装、调试阶段。

保定向阳航空精密机械有限公司新建航空科技装备产业园制造项目。项目建设总投资18亿元，规划建设用地500亩，总建筑面积15.38万米^2。一期工程规划建筑面积5.76万米^2，预计将于2015年下半年竣工，并具备搬迁条件。二期建筑面积9.62万米^2，计划2016年底建成投产。

（河北省工业和信息化厅）

山西省

一、本地区基本情况

2014 年，山西省从事民用航空工业的企业共有 4 家，分别是中航工业太原航空仪表有限公司（简称中航工业太航）、太原太航科技有限公司、山西微风无人系统科技有限公司（原单位名称为：山西江川国威无人系统科技有限公司）和山西青云集团有限公司。其中，太原航空仪表有限公司和太原太航科技有限公司隶属于中国航空工业集团公司，山西微风无人系统科技有限公司已系列化小批量生产，山西青云集团有限公司（主要生产轻型直升机和固定翼飞机）仍处于建设阶段。

山西省民用航空工业企业中，中航工业太航建有着力于大气数据测量、综合显示和告警系统技术研发的省级电子系统中心，建有先进传感与测试技术的联合实验室，以及一个省级企业技术中心。

二、生产经营情况

2014 年，山西省民用航空工业企业实现营业收入 6.7 亿元。

三、主要产品

山西省民用航空工业主要产品为无人机和各类航空仪表。

（一）民用飞机

无人机主要由山西微风无人系统科技有限公司研制生产。山西微风无人系统科技有限公司拥有 WH30、WH80、WX04、WX06、WX08 等自主研发的无人机系列产品，已成功应用于航拍航摄、农药喷洒、高压线巡查、地质勘探、救灾救援等诸多领域。

（二）航空设备与系统

航空仪表主要由中航工业太航、太原太航科技有限公司研发生产，用于各类轻型、运动型飞机。主要产品包括：座舱飞行仪表；传感器与弹性敏感元件；大气受感系统；智能振动筒压力传感器系列；振动筒气压仪系列；气压仪器检定系统等。

四、产品开发与技术进步

太原太航科技有限公司开发的便携式压力控制器已进入主机验证阶段，全自动加载气体活塞式压力计验证现已进入小批生产阶段。

山西微风无人系统科技有限公司与中国科学院、国防科技大学等高校研究院所建立了合作关系，积极筹建无人机飞控师培训学校。预计建设完成后，可同时容纳 200 人进行培训，每年实现 1000 人的培训任务。

五、对外贸易与合作

中航工业太航生产的外贸航空仪表、空气压力受感器、敏感元件及传感器类产品多年来已出口欧洲、北美、韩国、中国台湾等多个国家和地区，应用于轻小型飞机、通用航空、仪器仪表等领域。

（山西省经济和信息化委员会）

辽宁省

一、本地区基本情况

2014 年，辽宁省共有从事航空器及零部件生产、设计开发的企事业单位 120 余家，从业人员 5 万余人。其中，规模以上工业企业 30 家、国家级技术中心 2 个、省级技术中心 5 个、高校及科研院所 15 所、航空产业基地及园区 7 个。

（一）航空工业研发及制造单位

骨干航空企业有：中航工业沈阳飞机工业集团有限公司（简称中航工业沈飞）、中航沈飞民用飞机有限责任公司（简称中航工业沈飞民机）、中航工业沈阳黎明航空发动机集团有限公司（简称中航工业黎明）、中航（沈阳）高新技术发展有限公司、沈阳中体轻型飞机制造有限公司、中航工业沈阳兴华航空电器有限公司、辽宁联合航空发展有限公司、辽宁锐翔通用飞机制造有限公司、大连三科航空科技有限公司、中澳航空科技公司等。

地方主要航空配套企业有：沈阳西子航空产业有限公司、沈阳新宝路航空机械制造有限公司、沈阳航达机载设备有限公司、沈阳松辽电子仪器有限公司、辽宁迪克航宇通用设备有限公司、大连四达高技术发展有限公司、大连长之琳科技发展有限公司、瓦房店轴承股份公司、东北特钢集团抚顺特钢股份有限公司、辽宁瀚海工业机电设备有限公司、大连汇程铝业有限公司等。

高校及科研院所有：沈阳航空航天大学、大连理工大学、辽宁通用航空研究院、中航工业沈阳飞机设计研究所、中航工业沈阳发动机设计研究所、中航工业沈阳空气动力研究院、中科院沈阳自动化研究所、中国电子科技集团第 47 研究所、中国电子科技集团第 53 研究所等。其中，沈阳航空航天大学“航空制造工艺数字化”实验室为全国国防重点学科实验室，辽宁通航研究院通用航空重点实验室为辽宁省“十二五”重大学科平台。

（二）航空维修企业

航空维修企业主要有：南方航空公司沈阳维修基地、南方航空公司大连维修厂、沈阳凯特航空发动机维修公司、沈阳威宇航空维修工程公司等。

（三）航空产业基地及园区

航空产业基地及园区主要有：沈阳民用航空产业国家高技术产业基地及其下设的法库通航产业园、沈北航空产业园、浑南航空产业园；大连通用航空城、盘锦市通用航空产业园、朝阳通用航空基地。总规划用地约 55 千米^2。其中，法库已成为东北第一个正式开放使用的通航机场，半径达 10 千米的低空试点报告空域及航空服务站完善的服务体系足以满足通用航空飞行需求，成为全国首家低空空域航空服务站试点地区，并已成功举办三届“沈阳法库国际飞行大会”。

二、生产经营情况

2014 年，辽宁省民用航空企业生产进一步发展，民用航空产品产业链的完整性得到了进一步提高和优化。从初期的波音公司、空中客车公司、美国通用电气公司等零部件转包生产，扩展到飞机整个机身大部件、机身对接、通用轻型运动飞机、电动轻型飞机整机的生产，国产新型民用支线飞机研发设计制造及适航取证等，对实现我国民用整机研制的中长期战略目标具有重要意义。

2014 年，辽宁省航空制造业实现工业总产值 272 亿元，同比增长 7.5%；民机、发动机等大部件转包出口交货 23 亿元，同比增长 6%。

三、主要产品

（一）通用飞机整机制造

氢燃料电池动力无人机 LN60F 和电动双座

轻型飞机“锐翔”（RX1E）。由辽宁通用航空研究院——辽宁通用航空协同创新中心研制，均具有自主知识产权，其中，电动双座轻型飞机“锐翔”（RX1E），2014年完成了“尾旋”飞行试验，成为中国民航总局正式审定的第一个轻型电动飞机型号，是世界上仅有的按照美国材料与试验协会（ASTM）标准进行适航审定的飞机之一。

（二）民用飞机零部件制造

C919大型客机FTB吊挂试验件，庞巴迪C系列飞机前机身、中机身、后机身尾锥和舱门，ARJ21-700飞机吊挂、尾段、电源中心、全机身电缆，波音787-9飞机垂尾前缘、单（多）金属膜盘联轴器、飞机座舱电子综合显示仪表、飞机传感器等。

（三）航空发动机

航空发动机及关键零部件研发制造和国际转包生产，微、轻、重型等多个燃气轮机成套设备的研制、批量生产等，主要产品有机匣组件、轴类零件、环形件、槽形件、钣金件整流罩、静子壳体等。

（四）相关产业的产品及服务

航空复合材料、航空紧固件和配线材料、航空数字化制孔压铆系统、柔性装配系统、AGV智能输送系统和飞机数字化装配生产线、液压控制系统、飞机话音告警系统航空地面保障设备、模具，以及机场管理、飞机销售、通航维修、航材引进、航校培训、融资租赁、航空俱乐部、通航运营等服务。

（五）航空维修服务

南方航空公司沈阳维修基地，主要承担民航客机维修安全保障任务，基地先后取得MD90、A300和A320系列飞机的全级别检修能力及整机喷漆能力，获得了机体维修美国联邦航空局（FAA）资质，民用航空器改装设计委任单位代表（DMDOR）授权资质，为民航东北地区首家进口航空器授权单位。

四、产品开发与技术进步

2014年10月，中航工业沈飞民机成功交付C919大型客机首架后机身前段，该项目以新型复合材料为主体的主要机体结构，是大面积复合材料制造主体结构在国产民用飞机上的首次应用，标志着拥有自主知识产权的中国C919大型客机研制又取得了重大阶段性成果。

辽宁通航研究院研制的电动双座轻型运动飞机“锐翔”（RX1E）是国内第一个具有自主知识产权的电动清洁能源、全复合材料轻型运动飞机，飞机以稀土永磁同步电动机为动力，高能锂电池为能源，采用全复合材料机体结构，高效气动设计，具有环保静音、无污染、安全舒适、易操纵、运营成本低等优点，可广泛用于飞行员培训、观光旅游飞行等用途。同时，4座电动飞机和太阳能飞机等新能源通用飞机的研制正在进行中，4座载人油动飞机已通过工艺审查，轻型旋翼飞行器设计工作已结束，现已进入制造阶段。

大连长之琳科技发展有限公司成功研制采用PEEK高分子复合材料的航空紧固件系列产品，包括卡箍、螺栓、支撑座等。作为一种可替代金属的高分子材料，由于其独特的重量轻、机械强度高、耐腐蚀等特性，PEEK高分子复合材料已在国外波音、空客等公司广泛应用。目前，该公司已取得中国商用飞机有限责任公司颁发的工程批准书，并进入中国商飞合格供应商名录。

五、对外贸易与合作

2014年1月成立的中航工业波音制造创新中心，是波音公司在中国设立的第一个区域性研发制造中心。7月，波音公司对中航工业沈飞民机的复合材料生产能力颁发了认证。波音777尾翼翼尖项目工作包由波音777飞机垂尾翼尖、左平尾翼尖、右平尾翼尖三个组件构成。此工作包材料多样，工艺复杂，其制造过程包括金属钣金、蜂窝胶接、复材加工、数控机加、蒙皮拉伸、装配等多种工艺，是目前复材加工领域难度较大的项目。

中航工业沈飞民机与庞巴迪宇航公司开展了Q400飞机B2B工作包转包生产，涉及装配、机加、钣金、复合材料制造等多个专业。

中航工业沈飞民机向俄罗斯阿穆尔河共青城“加加林”航空生产厂成功交付首批SSJ-100民机项目零件。

2014沈阳航展与第三届法库飞行大会在法库财湖机场成功举办，此次航展突出了专业化、市场化和国际化的特点。共有18家航空公司63架飞行器参展，有比奇富豪等30多种机型，涵盖直升机、固定翼、水上飞机、动力伞、三角翼、无人机等多种飞行器；参展企业包括美国、捷克、瑞士、中国台湾及国内许多城市的80余家航空企业。

六、重大基础设施建设

沈阳法库通用航空产业基地是辽宁省第一个通用航空高技术产业基地，基地核心区规划面积68千米^2，以发展通用航空及配套产业为主导，带动研发制造、运营培训、综合配套、休闲旅游等产业发展，形成通用航空全产业链，建设“亚洲通航之都”。在一年多的运营中，辽宁联航神燕、亿家、锐翔、通飞、天丰等运营基地，以及中龙远奥通用航空飞机制造基地、亚洲通用航空产业总部基地、天鹅通航的俄罗斯水陆两用飞机生产制造基地、辽宁“锐翔”轻型飞机制造厂、中视航通法库航拍基地等通航项目相继来此落户。

沈阳沈北新区以沈北航空园为载体，规划面积26.2千米^2，着重以通用航空作为特色切入，联动研发设计、航空新材料、零部件制造、总装试飞、运营服务等环节，努力构建区域航空产业研发中心、制造中心、运营服务中心。2014年先后引进中航工业空气动力研究院等单位的29个整机、航空零部件项目，目前，沈北通用航空机场建设已启动。

辽宁联航公司投资5000万元在沈北新区启动工程技术中心一期建设，以通用飞机制造及其工程技术公共研发服务平台为核心，着力打造辽宁省通用航空产业发展引领性投资平台。目前，辽宁联航神燕飞机制造基地项目已完成主体厂房建设，并与意大利泰克纳姆公司正式签约，包括泰克纳姆飞机三款机型的授权转包生产及在中国（含港澳台）、朝鲜、蒙古、巴基斯坦等地区的独家销售权。

大连市启动登沙河通用航空产业园建设，起步区14千米^2，基础设施建设投资20亿元，2014年产业园环评、产业可研报告已完成，通用航空起降点已获空军批准，征地动迁及涉及通航和航空材料的产业项目招商有序进行，计划5年内建成以通用航空服务业为主导、通用航空工业为基础、海滨航空小镇为依托的通用航空之城。同时，在该地区，大连汇程铝业高强度航空铝板项目稳步推进，项目总投资4.4亿美元，设计生产能力20万吨/年，现已完成总投资12亿元，80%产品实现出口。

盘锦通用航空产业园区坐落在盘山县内，园区总体规划面积10千米^2。园区现已投入1.5亿元基础设施建设资金，已完成3000米^{2}的综合办公楼、7000米^{2}的机库、5栋空勤公寓、1200米跑道扩建工程及联络道和滑行道、停机坪、塔台等工程项目。

七、行业管理主要工作

2014年，辽宁省经济和信息化委员会以航空重点项目为载体，深入调研，积极跟踪项目建设进程，加大对航空产业发展支持力度，全面推进辽宁省航空产业健康平稳发展。

一是辽宁省经济和信息化委员会将中航工业沈飞民机的民用飞机研发制造平台建设项目、大连四达高技术有限公司飞机大部件对合装配工装项目、辽宁瀚海工业机电设备有限公司的航空工程数字仿真及装配设备项目等建设项目列入辽宁省2014年度的新型产业项目予以重点推进，并给予技改贴息支持。

二是沈阳市政府编制出台了《沈阳市通用航空产业发展规划（2014年—2020年）》，明确了沈阳市发展通航产业的指导思想和战略定位，提出了当前及长远的发展目标，并对产业、机场、运营等进行了总体规划布局。同时，成立了航空领导小组，制定了年度工作方案，全面推进航空产业的发展。

三是进一步优化产业结构。在大力拓展国际转包业务的同时，积极参与国产C919大型客机、ARJ21新支线飞机的各重要部件研制。与此同时，积极引导有实力的民营资本不断加入到民用航空制造领域，涌现出了国泰航空、西子航空等一批有实力地方企业，促进了辽宁省民用航空产业投资体系向多元化发展。

四是着力培育通航产业成为新的亮点。加大通航发展力度，使通用飞机研发和制造再上新台阶。2014年辽宁通航研究院研制的电动双座轻型运动飞机“锐翔”（RX1E）签订供货合同18架，通用航空产业正成为辽宁省民用航空工业新亮点。

五是全面推动通用航空产业基地建设，沈阳法库通航产业园已初具规模，各项基础设施建设已完备，其中，通用航空机场现已获批永久性开放使用权，成为我国第一个由国家空管委批准的低空空域航空服务站试点，中国民用航空局确定的东北地区第一个通用航空 ADS－B 安全运行试点（国内级别最高的通航机场）。2014 年成功举办第三届国际飞行者大会。

（辽宁省国防科技工业办公室）

吉林省

一、本地区基本情况

吉林省民用航空工业规模较小、集中度较低，目前正处于起步阶段。主要有珲春国遥博诚科技有限公司、吉林东北亚通用航空技术有限公司和长春航空液压控制有限公司 3 家企业。主要从事固定翼轻型飞机、无人机独立设计制造及数据图像传输处理，以及为民用航空发动机配套的少量阀、泵等附件产品。珲春国遥博诚科技有限公司主要业务领域为无人机生产及基于无人机的远距离宽带数据传输服务。其中，纳入中国民用航空工业统计的企业有 1 家。

二、生产经营情况

2014 年，吉林省民用航空工业企业实现产值 7316 万元，同比增长 14%，净利润 2100 万元。

三、主要产品

（一）民用飞机

海斯特系列无人机，包括："要塞""工程兵""燕鸥""火影监察者""袋鼠"等无人机。

（二）航空发动机

与航空发动机配套的液压件和电磁阀。

（三）其他民用航空产品及服务

基于无人机的远距离宽带数据传输服务。

四、产品开发与技术进步

珲春国遥博诚科技有限公司已研制了多型无人机，其中海斯特"要塞"是可持续飞行 3000 千米的新一代中型无人机；海斯特"工程兵"无人机系统采用模块化设计可快速拆装和更换，便于运输安装；海斯特"燕鸥"无人机系统是一种新型的中低空实时电视成像和红外成像快速获取系统，可采用弹射起飞与伞降/阻拦网降落方式。该公司在现有无人机机型的基础上，针对农作物的病虫害防治，提高作用效率，增强耕种科技含量，特开发了一种用于农药喷洒的无人直升机机型，可适应于不同特殊地形的喷洒作业。到目前为止，该公司无人机已取得 8 项实用新型专利，3 项外观设计专利。

（吉林省工业和信息化厅）

黑龙江省

一、本地区基本情况

黑龙江省民用航空工业起源于“一五”时期，经多年发展，初步形成了以中航工业哈尔滨飞机工业集团有限责任公司（简称中航工业哈飞）、中航工业哈尔滨东安发动机（集团）有限公司（简称中航工业东安）为龙头企业，以东轻公司、中航工业哈尔滨轴承有限公司（简称中航工业哈轴）等为重点配套企业，以中国航空气动研究院、哈尔滨工业大学、玻璃钢研究院等为科技支撑，以飞龙公司为核心的运输服务业产业格局。

黑龙江省作为东北老工业基地，多年来致力于航空产业发展，并在哈尔滨哈南地区建立航空产业基地，汇聚了中航工业哈飞、中航工业东安、哈飞空客复合材料中心等多家航空企业。

二、生产经营情况

2014 年，黑龙江省实现主营业务收入 120 亿元。

三、主要产品

（一）民用飞机

直升机系列、运 12 系列通用飞机。运 12 系列通用飞机是目前国内唯一取得美国适航证的整机产品，轻型多用途飞机及直升机产品均处于国内领先水平。

（二）飞机核心部件

航空发动机、传动系统。

（三）其他民用航空产品

以复合材料、铝镁合金为重点的原材料配套产品。

（四）航空维修服务

以航空运输和飞行培训为重点的服务延伸产品，以及已经取得中国民用航空局（CAAC）维修许可和国际许可的航空电子设备维修。

四、产品开发与技术进步

（一）EC175/AC352 直升机研制项目

EC175/AC352 直升机项目是中航工业哈飞和法国欧洲直升机公司采用项目合作的形式联合研制的一种先进中型多用途直升机。双方在设计、试验、制造、试飞、取证和市场营销等方面进行全面合作。

该项目按照一平台多用、系列化发展的原则，尽量采用成熟的技术、成品、材料和制造工艺，充分利用其他项目的成熟技术和成果，降低研制风险和费用，缩短研制周期，开发优质产品。以全寿命成本最低作为基本原则和指导方针，使用户获得最佳的费效比，从而提升 EC175/AC352 直升机在国内外市场的竞争力。EC175/AC352 直升机的性能、经济性、可靠性、维修性、保障性、舒适性、安全性等达到当前国际水平，以其先进性原则保证基本平台在很长的一段时间内的市场竞争力。该项目的实施使我国的直升机企业向世界先进民用直升机主制造商行列迈进了一大步，使我国的直升机企业按照国际适航标准的要求走完民用直升机研制的全过程，得到一个先进的通用民用直升机平台，极大地促进了黑龙江省的经济发展，并带动周边企业的产业进一步完善。

（二）运 12F 飞机研制项目

为适应市场需要，提高产品竞争力，中航工业哈飞提出在运 12 飞机基础上，研制以短途客运为主兼顾货运的低成本新型多用途飞机运 12F。飞机在舒适性和运营成本上形成与竞争机型的相对明显优势。运 12F 飞机为适应市场的多样性，机身设计除能乘坐 19 名旅客外，还可满足装载 3 个 LD3 集装箱的要求。运 12F 飞机在设计上充分考虑航空公司多种装载需要，采用模块化设计，稍加改装即可用于航空摄影、医疗救护、空投空降等多种用途。

该飞机将广泛用于民用客货运输、海洋监测、航空摄影等领域，同时具有较高的军用运输市场前景。随着进口设备、材料国产化工作的推进，可带动黑龙江省材料、化工、电子、机械加工等相关产业的进步和发展。

五、对外贸易与合作

近年来黑龙江航空企业与空中客车公司、巴西航空工业公司、意大利艾维欧公司等国际知名公司建立了良好的合作关系，加快了融入世界航空产业体系的步伐。

（黑龙江省工业和信息化委员会）

上海市

一、本地区基本情况

2014年底，上海市民用航空工业企事业单位共有40余家，其中规模以上航空工业企业23家，年产值亿元以上企业16家。拥有中国航空研究院上海分院、民用飞机模拟飞行国家重点实验室、国家商用飞机制造工程技术研究中心、民用航空先进检测技术实验室、商用航空发动机联合创新中心、国防科技重点实验室（航空电子）和航空科技重点实验室（故障诊断与健康管理技术）等一批科研平台。主要企事业单位：中国商用飞机有限责任公司（简称中国商飞公司）及其所属中航商用飞机有限公司、上海飞机设计研究院、上海飞机制造有限公司、上海飞机客户服务有限公司、上海航空工业（集团）有限公司；中国航空工业集团公司所属中航商用航空发动机有限责任公司（简称中航商发公司）、中航通用电气民用航电系统有限责任公司（简称昂际航电公司）、中国航空无线电电子研究所（615所）、中航工业上海航空测控技术研究所（633所）、上海航空电器有限公司（118厂）；上海西科斯基飞机公司。零部件配套企业：上海新华东光电技术研究所、氰特表面技术（上海）有限公司、蒂森克虏伯航空材料（上海）有限公司、上海上飞飞机装备制造有限公司。维修保障企业：上海波音航空改装维修工程有限公司、上海普惠飞机发动机维修有限公司、上海科技宇航有限公司、上海东联航空机轮刹车大修工程有限公司、上海柯林斯航空维修服务有限公司、上海凯迪克航空工程技术有限公司、上海航新航宇机械技术有限公司、上海威克特航空地面设备有限公司、上海才才航空设备有限公司等。航空租赁企业：中航国际租赁有限公司等。

上海是国家首批“国家新型工业化产业示范基地（航空产业·上海市）”，重点布局为：干支线飞机设计研发布局在浦东张江，飞机装配、大部件制造与试验试飞等布局在浦东祝桥东部，客户服务布局在闵行紫竹；商用航空发动机设计研发、客户服务布局在闵行紫竹，装配试车、单元体制造与试验验证布局在浦东临港；航空电子系统设计研发、集成验证、客户服务布局在闵行紫竹；航空机电设备研发制造与试验验证布局在浦东临港及相关产业园区；航空维修、飞机改装等以浦东、虹桥国际机场周边和青浦出口加工区等地域为主；航材物流以航空港、保税区等为主；航空营销和运营总部、融资租赁企业等以市及各区县专业化产业集聚区为主。

二、生产经营情况

上海地区民用航空产业2014年实现销售收入130.64亿元，同比增长32.5%；工业企业完成工业总产值133.64亿元，同比增长29%。年产值亿元以上企业16家。

三、主要产品

（一）民用飞机

在研的ARJ21－700新支线飞机、C919大型客机，以及在产的S－300CBi、S－300C、S－333等直升机。

（二）航空发动机

CJ－1000A大涵道比商用航空发动机。

（三）航空设备及系统

C919大型客机核心处理系统、显示系统、机载维护和飞行记录系统、航空电子系统总体与综合、航空电子核心处理与综合应用系统、航空无线电导航系统、航空故障诊断设备、健康管理设备、数据采集与处理系统、综合测试设备、航空开关、熔断器、照明设备及信号装置、接插件及联接装置、控制电器及告警装置等。

（四）其他民用航空产品

商用飞机机载液晶显示屏，碳纤维环氧树脂合成材料，航空电线、电缆，合金材料，飞机装配工装、型架和模具，各类紧固件、标准件等。

四、产品开发与技术进步

中国商飞公司：ARJ21－700 新支线飞机（已完成 CAAC 适航取证），C919 大型客机（正处于试制阶段）。

中航商发公司：大涵道比商用航空发动机及其验证机。与上海超级计算中心合作成立“上海超级计算中心商发分中心”，完成总体性能、控制系统仿真等 4 个设计集成平台上线，有效支撑了概念定义阶段数字化设计工作的开展。

昂际航电公司：C919 大型客机项目航电系统集成验证平台（SIVB 2.0）。

中国航空无线电电子研究所：座舱显示系统、模块化核心处理系统、A664 网络系统、飞行管理系统、中央维护系统、综合信息管理系统、综合环境监视系统等。

上海航空测控技术研究所：客舱核心系统、客舱娱乐系统、飞行状态安全实时监测系统、飞机安全视频监视系统、分布式电缆测试系统、飞机大部件装配自动对接系统等。

上海航空电器有限公司：座舱智能照明综合机与控制面板组件系统、客舱总线式智能照明综合系统、分布式智能配电系统，以及着陆灯、防撞灯、探冰灯等高性能 LED 机载外部照明设备等。

上海新华东光电技术研究所：商用飞机航空液晶显示终端 10.4 英寸①、2.4 英寸 ×2.4 英寸模块所需的 TFT－LCD 面板已开发完成，光电指标基本达到设计目标和用户要求，加固模块初样试制已完成；15 英寸机载液晶显示模块进入联调阶段。

上海上飞飞机装备制造有限公司：工装设备。

上海电缆研究所：航空电线、电缆。

上海塑料研究所：塑料软管和紧固件。

五、重大基础设施建设

（一）中国商飞公司

在各方面的有力支持和推动下，中国商飞公司“一个总部和五大中心”建设顺利推进。

中国商飞公司总部基地主体结构封顶，计划 2015 年投入使用。

设计研发中心：规划用地约 1200 亩，先期规划建筑面积约 20 万米^2，已建成并投入使用，现有科研人员 1900 余人。

总装制造中心：占地约 4000 亩，总建筑面积近 120 万米^2，现有员工 5000 余人，部装、复材、物流等 7 大厂房完工并投入使用，大批设备进驻。

客户服务中心：占地 190 多亩，总建筑面积 10 多万米^2，现有员工 500 多人。目前二期工程已完工，客户支援中心和技术交流中心已投入使用。

民用飞机试飞中心：已于 2012 年 4 月 23 日正式在龙华办公大楼挂牌成立，现有员工 240 多人。

（二）中航商发公司

研发基地位于闵行紫竹科学园区，占地 450 亩。目前已完成总部及研发中心大楼、人才公寓等一期建设并投入使用。

装试基地位于临港重装备产业区，占地 1250 亩。目前一期建设顺利实施，已完成总装厂房主体结构封顶与装配工艺布局方案优化设计，完成了 2 座整机试车台和配套油库等工程建设。

（三）民机航电产业园

中航民用航空电子产业园占地 186 亩，一期工程已完成建设并投入使用。

（四）上海机场（集团）有限公司

按照中国商飞公司型号研制节点目标，全力保障浦东机场第四、第五跑道建设，目前第四跑道作为试飞过渡用跑道已经具备使用条件，第五跑道处于堆载预压阶段，第五跑道空管工程可行性研究报告已获得中国民用航空局批复。

① 1 英寸＝2.54 厘米。

六、行业管理主要工作

围绕大力支持干支线飞机和商用航空发动机等的研制与产业化发展，促进上海民用航空产业的做大做强，逐步将上海建设成国家民用航空产业的重要基地。

一是继续推进落实《上海市民用航空产业“十二五”发展规划（2011—2015年）》《上海市推进战略性新兴产业“民用航空”专项工程实施方案（2012—2015年）》。

二是提前启动《上海民用航空产业“十三五”发展规划》前期思路研究工作。

三是积极做好2014版自贸区负面清单的修订工作，形成符合自贸区制度创新模式的负面清单。

四是支持和鼓励核心企业、高等院校、科研机构承担国家和市级民用航空类研究中心、实验室等的建设任务。

（上海市经济和信息化委员会）

江苏省

一、本地区基本情况

2014 年，江苏省民用航空工业进一步加强园区（基地）建设，加大资金投入和技术积累，不断推进产学研用协同创新，加快发展轻型动力系统、液压系统、燃油系统、雷达系统、环控系统、通信系统、新型航空材料等，推动轻型飞机、无人驾驶飞机等研制应用，民用航空产业呈现出良好的发展态势。江苏省民用航空工业规模以上企业 35 家，从业人员 2 万余人。其中，纳入中国民用航空工业统计的企业有 14 家。

二、生产经营情况

2014 年，江苏省民用航空工业实现工业总产值 289.5 亿元，同比增长 10.4%；主营业务收入 262.2 亿元，同比增长 9.0%；出口交货值 84.9 亿元，同比增长 7.6%；利税总额 16.7 亿元，同比增长 25.5%；利润总额 26.0 亿元，同比增长 23.3%。

三、主要产品

（一）民用飞机

包括轻型飞机、公务机、无人机。

（二）航空轻型动力

包括 100～500 马力[①] 活塞式发动机、800daN 以下（重点是 500daN 以下）推力的涡喷/涡扇发动机、1 兆瓦级功率以下燃气轮机、航空动力辅助系统。

（三）航空电子系统

包括航空通信系统、飞机座舱仪表显示系统、DLD－100C 型 S 模式单脉冲空管二次雷达、GLG－33 型 S 波段近程空管一次雷达、DLD－200A 型 ADS－B、GLC－18F 型机场 C 波段天气雷达、YTD1 型机场 X 波段天气雷达、YKJ2 型机场风廓线雷达、高空气象探测雷达、卫星云图接收设备、数字式电子探空仪等。

（四）航空机电系统

包括航空发动机电子控制系统、航空惯性导航系统、航空发动机参数采集器、航空发动机民用飞机和直升机飞控计算机、液压传动系统、电源/电气系统、燃油系统、环境控制系统、装载及空投系统等。

（五）航空保障

包括航空指挥调度系统、航空灯光电源系统（探冰灯、标志灯、翼尖保护罩、翼根保护罩）、航空检测设备、大型客机客户服务应用系统集成平台软件、市场与客户支援管理系统、飞机状态监控及健康管理系统、信息系统综合测试平台、便携式外场测试仿真系统、适航管理工作平台及登机廊桥、加油车、飞机维护等地面综合保障设备和系统。

（六）其他民用航空产品

包括航空安全座椅、航空内饰件、航空新材料（以气凝胶、相变材料等新材料为代表的航空航天保温隔热材料、铝合金型材、航空发动机叶片用铸造母合金、高温合金、碳/碳复合材料、超级纤维、钛合金、镍合金、铜合金、精密不锈钢制品等）、航空精密轴承、飞机轮毂、航空发动机零部件（航空发动机叶片，整体叶盘，静叶片，导叶片，机匣，实心或带陶瓷型芯的透平动、导叶片及结构件等）。

四、产品开发与技术进步

中航工业金城南京机电液压工程研究中心重点承担 C919 大型客机项目中的燃油、液压和空气管理等三大系统的研制交付任务中的国内部分，目前三大系统已完成了产品研发试验，

① 1 马力 = 735.5 瓦。

进入生产交付阶段。

南京模幻天空航空科技有限公司是致力于民用无人机的应用解决方案、系统集成、技术支持服务及无人机产品整机设计、开发的企业。公司在无人机导航、智能化导航及辅助设备研发方面，突破了几项关键技术，现处于专利申请阶段。2014 年该企业取得中国航空器拥有者及驾驶员协会（AOPA－China）资质认证，成为南京首家旋翼无人机驾驶员资格培训及认证中心。

南京恩瑞特实业有限公司是由中国电子科技集团第 14 研究所投资组建，主要经营轨道交通信号系统、雷达整机和子系统、二次雷达产品集成、软件及信息系统集成业务。在由第 14 研究所牵头的通用航空服务保障系统示范基地建设项目中，公司承担了通用航空气象服务示范工程建设和通航机场专业工程集成。

艾雷奥特（江苏）飞机工业有限公司主要产品为 AT－3 型基本教练机和 AT－4 型轻型运动飞机，首架 AT－3 轻型通用飞机于 2014 年 4 月正式下线并形成销售，所生产的飞机是同类型飞机中唯一一款同时获得美国 FAA、欧盟 EASA、中国 CAAC 世界三大民航组织认证的机型。6 座型公务机的研发和欧盟 EASA 的取证工作目前也已完成，并已具备量产条件，转移国内园区生产的立项手续正在办理中。

中航工业南通爱飞客镇项目已在北京签约，这是中航工业继荆门、武汉后布局的国内第三家爱飞客航空综合体项目。南通市将依托机场及飞行区在通州湾新区内打造通用航空现代服务产业链，包括飞机展销中心、飞行员培训中心、机场及 FBO（固定运营基地）、航空文化馆、通航会展中心、爱飞客活动中心、爱飞客公寓、航空度假酒店、综合娱乐中心等内容。

苏州长风航空电子有限公司承担了 AG600 飞机配套显示器（含两型显示器）产品的研制生产和试验项目，一型产品已完成联试件交付，并在主机开展联试工作，另一型显示器已完成转阶段评审。

皮拉图斯飞机公司与无锡空港产业园达成新项目合作，投资建设通航发动机检测设备项目。项目主要从事通航的各类专有设备的研发、生产、销售以及维护等，除了为皮拉图斯飞机的发动机配套服务以外，还面向其他通航飞机高端机型的小型涡桨发动机，以及包括 4 座以内通用航空飞机的活塞式航空发动机和转子航空发动机提供配套服务。

海翼飞机（江苏）有限公司是道尼尔公司与无锡产业集团合资成立的企业。该企业成立后反向收购德国海翼公司，并获得相关机型的适航证、原型机等资产。目前已接到飞机实单 2 架，意向订单 25 架，水上飞机项目已进入机身制造阶段。

五、对外贸易与合作

2014 年 3 月，无锡透平叶片有限公司凭着自己的技术优势和研发能力，获得了罗罗公司 BR700NG 发动机低压涡轮盘锻件 1～3 级每年不低于 20% 份额的 10 年合同。同年 10 月，再次斩获罗罗公司 XWB84K 压气机转子叶片 1 级不低于 33% 份额的 10 年新订单。

无锡航亚科技有限公司（简称航亚科技）主要从事航空发动机整体叶盘等关键零部件的精密成型与特种加工制造，于 2014 年正式投产。目前，航亚科技的实验室产品已得到飞机发动机生产商法国赛峰集团、英国罗罗集团，以及医疗器械生产商施乐辉集团等企业的认可。

菲舍尔航空（镇江）有限公司新建复合材料制造厂房、成品存储运库等生产和公辅设施一期竣工并投产。2014 年 7 月完成向菲舍尔未来先进复合材料股份公司（FACC）交付 A320 系列及 A330 系列飞机翼梁翼肋连接角件和 A320、A380 飞机天线支架交付。

六、重大基础设施建设

华夏航空工程技术有限公司是经中国民用航空局批准成立的第一家民营飞机维修和改装企业，是江苏省唯一一家飞机大修企业。该公司现有建筑面积约 17000 米^2，能同时容纳 6 架公务机进行维修和改装工作。2014 年共维修飞机 19 架次，占国内庞巴迪公务机送修市场的 80% 份额，突破了波音 737 和空客 A320 飞机客舱维修能力。目前，该企业用于中小型飞机大修的一期工程机库已经建成并投入使用；投资 5300 万元的飞机大修二期机库建设也已完工验收，可从事 CRJ、“挑战者” 850 及以下级别维修业务。

镇江大路通用机场项目一期工程建设已完成工程验收，该项目总投资 4.8 亿元。2014 年 12 月 26 日，取得机场使用许可证，正式启用通飞。

七、行业管理主要工作

2014 年江苏省高度重视民用航空产业发展。

一是组织开展了江苏省民用航空产业专项调研工作，进一步全面了解江苏省民用航空产业现状及发展情况，为下一步制定全省民用航空产业发展规划打下良好基础。

二是江苏省民用航空主要发展地区纷纷强化园区功能的整合，进一步明确产业发展方向和发展定位，出台了适合各地发展的相关政策文件。南京市结合国家低空开放新政，制定发布了《南京市通用航空产业发展规划（2014—2020 年）》，在优先规划完善通用航空起降网络的前提下，重点建设“一点两带”，即以中航科技城为载体的通航科技研发创新集聚点，以江北新城及周边发展航空服务业和技术应用为主体的产业带，江宁空港产业园和溧水航空产业园发展成为以航空制造业为主体的产业带，引导规模标志性大企业大项目入驻，形成高端产业集群。无锡市委托中船重工第 703 所编制了《航空发动机、燃气轮机叶片及控制系统产业发展规划》，计划通过十年的努力，打造国内一流的“‘两机’叶片产业基地、‘两机’控制产品及系统工程产业基地、燃气轮机技术综合研究试验基地”三个产业基地和“精铸叶片产业技术中心、变形合金部件工艺技术中心、动力控制系统技术中心”三个技术中心。镇江市编制发布了《镇江航空航天产业发展规划（2014—2018）》，对今后五年镇江市航空航天产业的发展目标、产业布局、实施路径、主要措施和配套政策等进行了科学谋划。

（江苏省经济和信息化委员会）

浙江省

一、本地区基本情况

2014 年，浙江省纳入统计口径的民用航空工业企业共 12 家，全部为民营企业。分别为：浙江圣奇运动器械制造有限公司、宁波沥高复合材料有限公司、浙江金马逊机械有限公司、杭州天扬机械有限公司、浙江西子航空工业有限公司、浙江西子航空紧固件有限公司、雅港（嘉兴）复合材料有限公司、浙江中欣动力测控技术有限公司、宁波捷德航空技术有限公司、浙江日发航空数字装备有限责任公司、嘉兴安基新材料科技有限公司、精功通用航空有限公司。

浙江省拥有在册通用机场 8 个，包括建德千岛湖、东阳横店、舟山五岛（东极、岱山、嵊泗、衢山、桃花）和浙江大学附属二院医疗救援点。全省有在建或规划建设航空相关产业园区、基地 3 个，其中绍兴航空产业园、横店航空高技术产业基地已开工建设，德清通用航空产业基地正在规划审批过程中。

二、生产经营情况

2014 年，浙江省民用航空工业企业实现主营业务收入 5.75 亿元，销售收入 5.12 亿元，工业企业完成工业总产值 6.00 亿元，工业增加值完成 1.28 亿元，营业利润 0.35 亿元，转包生产交付金额 1461 万美元。

三、主要产品

（一）民用航空产品

零部件生产加工。航空发动机的盘环类零件、机匣壳体类零件、整体叶盘、整流器、叶轮；飞机起落架零部件；飞机机翼前后梁、梁间肋、机身长桁类零件；大型钣金件；飞机紧固件；波音 737NG 型飞机平尾数控零件、ARJ 国产支线飞机数控零件；空客前货舱门框；机身板件、机翼板件；空客 A320 蒙皮的零件机加工；飞机零部件的热表处理等。

材料。芳纶纸蜂窝芯材和蜂窝复合板材、飞机地板、飞机隔板等。

生产、检测设备。数控弯管机、六工位管端成形机、复合材料加工设备、飞机大部件数字化装配生产线、壁板类零件自动钻铆设备、碳纤维自动铺层/铺丝专用设备、润滑油金属屑末检测器等。

（二）航空相关服务

医疗救护、空中游览、航空摄影、工农林业飞行作业、航空模拟培训、航空器租赁等，以及航空技术开发、技术咨询及技术服务。

四、产品开发与技术进步

浙江金马逊机械有限公司的导管数字化加工水平达到世界先进水平，该厂针对飞机的液压、燃油等系统金属导管的三维冷弯曲加工的智能多轴 CNC 数控弯管机，现已应用在中国航空工业集团公司等单位。

杭州天扬机械有限公司掌握了高温合金、钛合金等难加工材料的切削技术，现与中国航空工业集团公司的多家航空发动机研制生产单位合作，从事航空发动机机匣、叶盘等核心零部件的研制和生产。

浙江西子航空工业有限公司正联合国内外力量，研发航空铝合金和钛合金零件高效数控加工技术、大尺寸钣金零件高效数控下料及成形技术、航空零件环保型表面处理技术、航空大部件高效制孔及装配技术、数字化检测技术等先进技术。

浙江圣奇运动器械制造有限公司引进国际先进水平的五轴立式铣削中心、四轴卧式镗铣中心和三轴立式加工中心，建立了三坐标测量、理化分析等检测实验室。目前已承担波音 737NG 型飞机平尾数控零件、ARJ 国产支线飞机数控零件、空客飞机前货舱门框、空客 A320 蒙皮的零件机加工任务，建立并通过 AS9100C 航空航天及 ISO9001 质量管理体系认证。

浙江中欣动力测控技术有限公司自主开发研制的滑油在线屑末监测设备可以应用于航空发动机传动系统的在线监测，通过对设备润滑油的连续在线监测，评估机械故障的变化趋势，预测设备重大事故的发生，为机械设备提供可靠的早期预警和寿命预估。公司现已成为中航工业商发、中航工业哈尔滨轴承的供应商。

浙江日发航空数字装备有限责任公司研发的 RFMP2060GM/5X 蜂窝零件高速加工中心的产品加工性能、工艺过程管理、人机交互界面都达到国际领先水平。通过基于永磁的固持方式，解决了传统胶带黏结固持可靠性差所引起的产品合格率低、工序准备时间长，以及后续清理所用溶剂对人体健康的影响。

五、对外贸易与合作

杭州天扬机械有限公司的航空发动机零部件已向德国 MTU 公司、英国罗罗公司、法国斯奈克玛公司以及美国普惠公司等欧美航空发动机制造厂商供货；雅港（嘉兴）复合材料有限公司的芳纶纸蜂窝芯材多批次出口美国、澳大利亚、巴基斯坦等海外市场。

浙江西子航空工业有限公司与国际先进航空制造企业合作开展关键技术研发，正与法国艾合利亚公司合作研发航空铝合金和钛合金零件高效数控加工技术以及航空零件环保型表面处理技术，与加拿大庞巴迪公司合作研发大尺寸钣金零件高效数控下料及成形技术。

六、重大基础设施建设

（一）绍兴航空产业园

已编制完成《绍兴航空产业园发展规划》，计划打造集通航零部件制造、服务运营、整机制造、技术研发于一体的通航产业集聚区。园区内的精功通航总部基地项目计划总投资 52 亿元，总用地 2300 亩左右。目前，一期总投资 3.18 亿元，总用地 600 亩的精功通用航空临时起降点工程已增补列入 2013 年省重点建设项目，工程初步设计已通过浙江省发展改革委员会审批。600 亩规划用地已出让，机场已开工建设。

（二）横店航空高技术产业基地

依托横店通用航空机场，以浙江东华通用航空有限公司、浙江省横店航空体育运动培训学校、横店航空体育活动中心等平台为载体，大力打造航空高技术产业基地。计划着力发展航空器制造、航空器销售和维修、航空培训、通用航空运行、通用航空旅游和包机服务、通用航空高技术产业，建设成一流的通用航空固定运营基地。横店通用机场迁建一期工程已于 2012 年全面动工，跑道 800 米 ×45 米。

（三）德清通用航空产业基地

德清通用航空机场建设项目已经浙江省发改委批复同意。通用航空产业基地总规划面积 20.5 千米^2，计划成为区域通用航空飞机起降、培训、旅游、会展中心。

七、行业管理主要工作

一是完善和落实行业规划。已编制完成了《浙江省通用机场发展规划》，宁波、杭州、温州、绍兴等地市都已出台民用航空相关规划，明确了下一步民用航空产业的发展方向。

二是积极搭建合作交流平台。积极邀请中航工业及其下属的中航工业沈飞、中航工业陕西飞机工业（集团）有限公司（简称中航工业陕飞）、中航工业洪都航空工业集团有限责任公司（简称中航工业洪都）、中国商飞公司、幸福通航等企业负责人到浙江投资考察和对接交流。带领园区、企业负责人走访航天科工、航天科技、中航工业、中国商飞公司、上海启德航空、若尔通用航空等单位，探讨双方合作的可能性。

三是加强服务保障，营造良好的发展环境。充分了解省内重点民用航空企业和重大项目发展情况，积极协调解决项目在落地过程中遇到的问题，不断营造良好的发展环境。

（浙江省经济和信息化委员会）

福建省

一、本地区基本情况

福建省民用航空工业目前主要以民用航空维修和零部件加工制造为主，集中在厦门航空工业区和泉州出口加工区。其中，以厦门太古飞机工程有限公司为龙头，在厦门航空工业区内已聚集了厦门太古发动机服务有限公司、厦门霍尼韦尔太古宇航有限公司、厦门豪富太古宇航有限公司、厦门汉胜秦岭宇航有限公司、通用电气发动机现场支援（厦门）有限公司、美捷特（厦门）传感器件有限公司、厦门太古起落架维修服务有限公司、厦门新科宇航科技有限公司等著名国际航空集团（公司），形成了全国最大的民航飞机维修基地，具备了飞机结构维修、老龄客机改货机、发动机维修、起落架维修，以及辅助动力系统、航电系统的维修能力，并且能为飞机发动机和零部件提供全方位的支援服务。

二、生产经营情况

截至2014年年底，列入福建省统计局统计的6家规模以上飞机维修及制造企业拥有总资产53.63亿元。当年全行业累计完成工业总产值92.35亿元，比上年增长3.2%，实现出口交货值80.1亿元，增长2.3%；实现主营业务收入88.28亿元，增长2.7%；实现利润3.63亿元，增长85.2%。

三、主要产品

（一）航空维修服务和改装

主要是对飞机结构、发动机、起落架、辅助动力系统、航电系统的维修。大修及改装能力涵盖波音737、波音747、波音757、波音767和波音777，空客A320系列、A330、A340，及麦道MD－11机型。拥有最高级别（D检）的大型检修、飞机结构改装、客舱内部翻新及改装、航电系统升级、褪漆及喷漆、客机改货机等能力。

厦门太古飞机工程有限公司是中国第一家为A380飞机提供航线维修服务的维修机构。

（二）航空零部件制造

可完成机加件、钣金件、地板梁组装和电线组装等。

（三）支援服务

为飞机发动机和零部件提供全方位的支援服务。

四、产品开发与技术进步

（一）客改货技术开发

厦门太古飞机工程有限公司与美国波音公司紧密合作，取得美国联邦航空局（FAA）和波音质量管理系统（BQMS）的认证。和合作伙伴一起参与了波音737－700/－800和波音767－300等新的改装机型的开发。客改货科研成果主要有：地板梁整装、货舱门切口定位、货舱门整装、改装流程的改进等，至今共完成了61架次的改装工作。下一步还将参与波音767－300、波音737－700/－800等机型客改货的开发。

（二）客舱整装

厦门太古飞机工程有限公司是目前亚洲第一家也是唯一一家同时获得空客和波音认证的公务机和私人飞机客舱整装中心，填补了国内此项业务的空白。客舱整装服务可以提供完整的一揽子客舱解决方案，包括项目管理、工程设计、供应商管理、零部件制造、安装及取证(FAA/EASA/HKCAD/CAAC)。客舱整装科研成果主要有：波音737、空客A319客舱构型设计改装，波音747－400 PTV改装，波音747－400 LOPA设计等。

五、行业管理主要工作

一是抓项目，促进项目早日落地。积极推

进福建通用航空制造有限公司长乐民用喷气式轻型商务机 MS760 飞机零部件生产和福建通航航空产业项目。通过优化产业发展环境、搭建公共服务平台、发挥产业集聚效应，推动项目落地实施。

二是抓龙头，培育、壮大产业链。以厦门太古飞机工程有限公司为龙头，带动厦门航空工业园发展，并继续向晋江等地扩散。进一步培育、壮大大型商用飞机维修和改装的产业链，形成亚洲规模较大、技术水平较高的大型商用飞机维修和改装基地。

三是抓行业管理，营造发展环境。积极开展民用航空统计年报和民用航空工业年鉴编撰工作，加强行业统计管理和经济运行监测，分析重要经济指标，切实为行业发展提供服务。

（福建省经济和信息化委员会）

江西省

一、本地区基本情况

江西是新中国第一架飞机的诞生地。经过60多年发展和建设，已成为我国重要的航空产业研发和生产基地，形成了教练机、直升机、无人机以及通用飞机等比较完整的航空产业体系。现拥有中航工业江西洪都航空工业集团有限责任公司（简称中航工业洪都）、昌河飞机工业（集团）有限责任公司（简称中航工业昌飞）、九江红鹰飞机制造有限公司、江西景航航空锻铸有限公司等整机制造、配套企业和中国直升机设计研究所、洪都飞机设计研究所、南昌航空大学、江西航空职业技术学院、吉安航空运动学校等航空科教和飞行培训单位，江西直升机产业投资管理有限公司和江西瀚星投资有限公司等通航飞机销售企业。拥有南昌航空产业国家高技术产业基地，景德镇直升机研发生产基地（国家新型工业化产业示范基地），国家级企业技术中心2个、省部级重点实验室（工程中心）12个、航空专业博士后科研工作站3个、硕士点70个。现已纳入中国民用航空工业统计的江西企业有12家。

二、生产经营情况

2014年，江西省航空制造产业实现销售收入390.3亿元，同比增长30%；完成工业增加值72.2亿元，同比增长22.7%；实现利润近25亿元，同比增长25%。

三、主要产品

（一）民用飞机

农5系列农林专用飞机、13吨级AC313系列飞机、2吨级AC311系列飞机，组装生产3吨级CA109直升机等。

（二）航空零部件

为古德里奇公司GR787飞机生产发动机短舱零部件，为美国胜利集团沃特公司波音747－8飞机生产48段部件，为美国西科斯基公司S76和S96直升机转包生产尾梁等部件，承担C919大型客机前机身和中后机身部件、后缘襟翼及航空锻件、铸件和航空电缆、导线和防波套等产品。

四、产品开发与技术进步

通用飞机：以公务机、农林飞机、特种飞机等项目进行通用飞机研制，如发展新型农林专用飞机、公务机等。

L7运动/教练机。中航工业洪都根据客户需要，在初教6飞机的基础上进行了全机设计优化，研制出的一款效费比更高的运动教练机，采用了涡桨发动机和电子化座舱，在性能指标上全面超越初教6，技术进步非常明显，设计、工装等所有工序全部采用数模技术，机身可靠性和抗疲劳性更加优化，座舱配备更加符合国际惯例，进一步提升了飞机的技术内涵。2014年5月，L7飞机完成全机悬空静力试验，6月完成地面试车试验，并按要求进行适航飞行。

农5B飞机。中航工业洪都在对国内外农业飞机市场详细调研基础上研发的一款新型农林专用飞机，既秉承了农5A飞机操纵灵活、维护方便、使用经济、安全可靠等众多优点，又针对用户的实际需求，在结构、药箱载量、舒适度和作业设备等方面有了重大改进。该型机主要用于农田播种、施肥、除草、治虫、飞播造林、森林防火等作业项目，经改装，还可兼顾治安巡逻、救灾指挥、航测航摄、影视制作、广告宣传等。2014年，001架、004架共完成268架次试飞，其中适航试飞233架次。12月，001架、004架返厂完成并复飞，开展了5架次试航试飞。12月22日，002架通过试验前评审。

C919大型客机机身段。首架份前机身、中后机身项目研制生产流程开始有效运转，流程基本打通，关键技术瓶颈实现突破，并分别于2014年8月24日、9月17日交付中国商飞，中航工业洪都成为国内第一个交付产品的供应商。目前正在开展后续架份飞机部段的生产装配工作。在项目研制历程中，中航工业洪都实现了突破，创造了多个里程碑，实现了第一个部段下线、第一个部段通过适航检查、第一个部段完成交付。

AC313直升机。AC313直升机是由中国航空工业集团公司自主研制的中型民用直升机，最大起飞重量13.8吨，机身采用全数字化设计，采用钛合金桨毂、复合材料桨叶，整机性能达到国际第三代直升机水平，安全性、技术水平及飞行性能取得较大突破。2014年3月，列装武警部队的该型机实现首飞。

AC311A直升机。AC311A是在AC311直升机基础上研制的一款新型直升机，于2013年3月启动项目研制，历经14个月完成详细设计。与AC311相比，AC311A换装了大功率发动机、采用自主研制的综合航电系统，提升了直升机的高温、高原能力，可满足我国主要使用环境和地域，尤其是高原区域的使用要求，作业能力覆盖85%的国土面积，可广泛用于客货运输、飞行训练、公务飞行，经加装任务设备后可执行多种任务，如医疗救护、电力巡检、空中执法、航拍摄影、飞播灭虫、护林防火等。2014年8月14日，AC311A在江西景德镇吕蒙机场顺利首飞。

EC175/AC352直升机。EC175/AC352直升机是中航工业直升机和欧洲空直公司联合研制的先进中型多用途直升机，该机在中方编号为AC352，欧洲空直公司编号为EC175，填补了中国直升机谱系中6~7吨级的空白，并凭借其卓越性能成为世界最先进水平的中型直升机。

3吨级AC3X2先进轻型双发直升机。AC3X2是由中法联合研制的3吨级民用直升机，现已取得欧洲适航证。该型机具有座舱空间大、可靠性高、高原性能出色等特点，拥有同等级直升机最大的客舱和货舱空间，可应用于通用航空运输、紧急医疗救护、警用执法、应急救援、公务飞行等领域。

五、对外贸易合作

（一）中航工业洪都

中航工业洪都在大力发展航空军品的同时，充分发挥航空技术、管理、人才优势，大力发展航空转包生产，积极开拓国外民品市场，先后与空客公司、古德里奇公司和波音公司等国际知名企业建立了良好的合作关系。2014年，中航工业洪都与胜利集团沃特公司合作的波音747项目，全年交付141个工作包，实现收入264万美元；与古德里奇公司合作的GR787项目，全年交付6553件零部件，实现收入280万美元。

（二）中航工业昌飞

中航工业昌飞完成美国西科斯基公司S92型机、S300型机和意大利阿古斯特公司A109及波音零件转包生产交付，与美国西科斯基公司在原S76C++基础上对S76D型机进行改进改型研制。

六、重大基础设施建设

南昌航空城建设持续稳步推进，厂房建设初具规模，得到了中国航空工业集团公司、中国商用飞机有限责任公司和江西省政府的肯定。北区一期大部件装配厂房、数控加工厂房、物流配送中心等全面竣工并投入生产使用，北区二期建设正在按计划推进，大部分项目实现年内开工、年内完成主体工程。2014年11月18日，国务院正式明确瑶湖机场项目核准权限下放至省级政府，现明确由江西省发改委对该项目进行核准，目前，正按相关要求推进项目核准前各项工作。

七、行业管理主要工作

航空产业被江西省委、省政府列为十大战略性新兴产业之首。作为航空产业的主管部门，江西省国防科学技术工业办公室全力推动航空产业的发展，协调省政府出台了《加快通用航空产业发展的意见》和《加快江西省通用航空产业发展的意见》。江西省国防科学技术工业办公室作为牵头部门，促成江西省政府与中国航空工业集团公司的合作，签订了深化战略合作协议，在创意经济、文化旅游、通用航空运营与服务、健康养老医疗和园区建设等领域开展全面合作；促成江西省政府与北京汽车集团的合作，签订了通用航空产业战略合作协议，协议明确由北京汽车集团以增资扩股形式对江西直升机投资有限公司进行重组，组建成立北京通航江西直升机有限公司，北京汽车集团规划投资60亿元，引入先进技术和先进产品，形成轻小型到大中型直升机产业产品体系，覆盖制造、运营全产业链，把北京通航江西直升机公司打造成北京通航“南方基地”，形成通用航空、汽车行业并驾齐驱的新格局。

（江西省国防科学技术工业办公室）

山东省

一、本地区基本情况

2014 年，山东省参与民用航空产品生产的企事业单位有 30 余家，其中，列入统计范围的有威海广泰空港设备股份有限公司、山东太古飞机工程有限公司、山东滨奥飞机制造有限公司、山东艾诺仪器有限公司、山东翔宇航空技术服务有限责任公司、山东中航和辉航空标准件有限责任公司、东方蓝天钛金科技有限公司 7 家单位。列入统计范围的单位从业人员 2988 人，其中，工程技术人员 1282 人，研究与试验发展人员 540 人。

二、生产经营情况

2014 年，山东省民用航空工业列入统计范围的单位实现主营业务收入 13.68 亿元，交付民用飞机零部件 334.88 万元，其他民用航空产品及零部件 769.86 万元，实现民用飞机修理收入 4.38 亿元，其他民用航空产品及零部件修理收入 0.69 亿元。完成工业总产值 11.87 亿元，工业增加值 5.20 亿元，利润 1.45 亿元。列入统计范围的单位无转包生产情况。

三、主要产品

主要产品包括：DA40 型通用飞机，电动传送车、飞机牵引车、气源车、加油车等机场车辆和地面电源等航空地面设备，钛合金紧固件、各类合金铆钉、飞机刹车盘等航空配套产品，以及民用飞机及航空器附件维修服务等。

四、产品开发与技术进步

威海广泰空港设备股份有限公司 2014 年共完成重点新产品 40 项、重点改型产品 36 项、技术攻关项目 21 项。依托国家工程技术研究中心优势，积极发挥行业领头军的角色，参与国家标准、行业标准的编制和修订工作。2014 年度主持起草的 MH/T 6019—2014《飞机地面电源机组》民航标准已发布实施，成功组织召开了“民航节能减排技术研讨和产品展示会”，为打造中国绿色空港推出了八大系列产品。2014 年年内对外承接各类试验任务 15 次，参照 CNAS 实验室认可准则要求，初步建成实验室质量管理体系。

山东太古飞机工程有限公司不断提升资质能力，新增 CRJ900 维修及发动机更换能力、波音 737 – 400 客改货能力、EMB190 定检及客舱布局改装能力、空客 A319/A320/A321 飞机 CDSS 加装能力（VSTC191）等资质近 10 项。完成多项技术攻关，推出多项新产品，如波音 737 系列大翼后梁修理（首次提出腹板双搭接修理方案并获 OEM 波音公司批准），亚洲首架次 CRJ – 700 增压地板改装，国内首架次EMB – 190 飞机客舱构型改装，首架波音 737 – 800 融合型翼尖小翼加装，卫星通信系统改装，CRJ 娱乐系统拆除等。

山东滨奥飞机制造有限公司于 2014 年开始研制新机型 DA40NG 飞机，DA40NG 飞机将成为国内唯一的全复合材料制成的 2 ~ 4 座固定翼飞机。DA40NG 飞机的成功飞行将进一步证明复合材料的安全性和经济性，极大地推动复合材料在飞机制造业上的应用，同时也为复合材料在飞机上的研发提供例证。其零部件国产化率的提高，缩短了零部件的供货周期，减少了关税、运输费用等，同时提高了通用航空零部件自主生产的能力。

山东中航和辉航空标准件有限责任公司在 2014 年着重进行了新型飞机自动铆接技术研究，取得了优异的试验效果，完成球面铆钉、铆钉自封胶 2 项专利技术研发，开发钛铌新型材料航空标准件和冷、热镦成形热处理工艺，产品性能显著提升，相关指标达到国际领先水平。

东方蓝天钛金科技有限公司高度重视工艺改进及新产品研发，2014 年研发立项的项目达 20 余个，研发经费投入 1593 万元，产品涉及标准 220 种、规格 960 种，产品型谱大大扩展。公司联合国内知名高校作为牵头单位先后承担了多项国家 863 计划项目、重大科技成果转化项目、国际合作项目等。先后与哈尔滨工业大学、北京航空航天大学等高校联合成立了实验室、产业化基地。

五、对外贸易与合作

威海广泰空港设备股份有限公司、山东太古飞机工程公司、山东滨奥飞机制造有限公司、山东中航和辉航空标准件有限责任公司等均涉及民用航空产品对外贸易，2014 年山东省实现民用航空产品出口交货值 1.6 亿元。

山东太古飞机工程公司、山东翔宇航空技术服务有限责任公司 2014 年拓展了韩国、新加坡、印尼、越南等国家的整机及航空配件维修业务。山东中航和辉航空标准件有限责任公司加强国际通用质量管理体系、特种工艺等标准的认证工作，并与德国空客标准件供应商建立了为期 3 年的贸易合作。

六、重大基础设施建设

近年来，山东航空产业园区发展较快，济南、青岛、滨州航空产业园区初见成效。

济南航空与维修工业园是山东省政府为加快山东航空工业及配套业发展而确定的高新技术工业园，致力于研发生产航空复合材料、维修和改装各型飞机。园区规划 13 个工业组团，计划 2020 年三期规划建成后，达到 8000 人的从业人数和 80 亿元的营业收入目标。

青岛市将航空经济纳入重点培育发展的十大新兴产业之一。规划在黄岛区和高新区建设两个航空产业集聚区。黄岛区重点发展直升机及上下游产业链、通用航空产业，项目已进入前期筹备阶段，正在委托专业机构开展新区航空空域论证和产业规划工作，高新区以中航工业（青岛）前哨航空技术装备产业园为依托，主要发展飞机零部件配套产业。

滨州大高航空城是集飞机制造、航空培训、飞机维修、通航发展、通用航空运营为一体的航空产业基地，下辖一个分公司和两个控股公司，在飞行员培训、飞机制造与维修等领域取得了显著成绩。其中，山东滨奥飞机制造有限公司 DA40NG 飞机的研究与产业化项目总投资 3.6 亿元，建设期自 2014 年 1 月至 2015 年 12 月，拟建生产车间、库房及变电室等辅助设施共计建筑面积 625 米^2。目前，该项目已经生产了 3 架 DA40NG 飞机机体，并通过了欧洲航空安全局的审查。

此外，东方蓝天钛金科技有限公司计划投资 8～10 亿元建设总面积 20 万米^{2}的综合研发生产基地，2014 年已完成一期项目建设，完成投资 2.3 亿元，建筑面积 2.4 万米^2，建成年产 400 万件航空紧固件的生产能力。山东中航和辉航空标准件有限责任公司计划投资 2 亿元，在济南综合购置土地 23 亩，建设总建筑面积 3 万米^2，年产 8000 万件航空标准件的生产项目，2014 年项目前期施工已完成，项目计划 2015 年底竣工。

七、行业管理主要工作

一是认真梳理重点项目。2014 年梳理了 27 项航空产业重点在建项目，总投资 221 亿元。为推进项目的顺利实施，充分发挥省军民融合产业发展资金的引导作用，对各单位科技创新项目予以支持，同时积极与有关部门沟通联系，在项目立项、资金和土地等方面给予重点支持。

二是大力推进合作发展。积极引进一批重点合作项目，通过合作建设、共同研发、产品配套等方式，加快产业提升规模。多次与中国航空工业集团公司等中央企业沟通联系，2014 年 10 月，在京组织举办恳谈会，山东省 70 余家单位参会，促成省内企业与央企开展合作和项目对接。

三是探索加强融资支持。一方面建议有关部门及金融机构加强政策研究，给予重点扶持与信贷支持，另一方面积极向金融机构推荐了一批优质项目，同时，积极探索设立省军民融合产业基金，积极支持航空工业等战略新兴产业的发展。

（山东省国防科学技术工业办公室）

河南省

一、本地区基本情况

截至2014年年底，河南省民用航空工业企业单位共有11家。其中中央企业2家，地方企业9家。规模以上企业共2家。

随着国家逐步放开低空空域，河南省的通用航空产业有了长足发展。通用航空产业基地有：郑州航空港经济综合试验区、郑州通用航空试验区、安阳通用航空产业园区。主要航空企事业单位有：中航工业郑飞集团、新乡航空工业（集团）有限公司、河南航天精工制造有限公司、郑州市啸鹰航空有限公司、河南大地通用航空有限公司、河南省豫飞通用航空有限公司、河南翱翔航空科技有限公司、安阳市豪克科技发展有限公司、安阳全丰航空植保科技有限公司、安阳通用航空有限责任公司、河南永煤碳纤维有限公司。

二、生产经营情况

2014年，河南省民用航空工业企业实现工业总产值60.7亿元，完成工业增加值10.5亿元。

三、主要产品

（一）民用飞机

无人机：包括“大白”航拍无人机、“大熊”航拍无人机、“猎人”多用途无人机、“乌鸦”侦察无人机、“巡逻兵”多用途无人机、“小马”农用无人机。

轻型飞机：XL2轻型飞机、美国穆尼M20TN通航飞机。

（二）航空材料

主要航空材料包括：MT300－3K、MT300－6K、MT700－6K、MT700－12K聚丙烯腈基碳纤维航空复合材料和航空紧固件及部分维修器材。

四、产品开发与技术进步

河南翱翔航空科技有限公司前身为郑州领航模型有限公司，成立于2003年，通过自主研发，将高性能复合材料技术应用于无人机机体的生产制造，并摸索出一套成熟、稳定的无人机生产管理系统，目前推出的DB系列航拍测绘无人机系统已成为首款在国内及国外大范围应用并且形成批量生产供货体系的无人机系统。郑州市啸鹰航空有限公司组装生产的美国穆尼M20TN飞机，是世界上最快的单发活塞式飞机。河南永煤碳纤维有限公司隶属于河南能源化工集团有限公司，是一家碳纤维新材料高新技术企业，研制的MT300－3K、MT300－6K、MT700－6K、MT700－12K聚丙烯腈基碳纤维航空复合材料达到国内先进水平。

五、重大基础设施建设

近年来，河南省通用航空工业发展较快，企业发展集聚效应显现，郑州、安阳等一批通用航空产业园相继开工、建成。郑州通用航空试验区概念规划120千米^2，2014年总投资50亿元，北到黄河、南到五云山。核心区以上街机场为平台，面积约21.3千米^2，目前主要有机场跑道区、航空维修服务区、教育培训区、飞机组装区、飞机零部件制造区六大功能区。围绕构建通用航空产业集群的工作目标，郑州市政府坚持“走出去、引进来”的招商战略，“走出去”到加拿大、美国、迪拜等地进行学习考察。截至目前，已有河南飞天通用航空公司、河南永翔通用航空公司、郑州市啸鹰航空有限公司等27家通用航空企业在通航试验区落地发展。总投资10亿元的郑州市啸鹰航空有限公司飞机组装的第一架“郑州穆尼”飞机下线。

2012年安阳市通航产业园被中国民用航空

局确定为全国通用航空产业园，安阳市通航产业园包括：汤阴通用航空产业园、林州航空运动旅游产业园区、安阳航空教育与科技研发园区。其中，安阳汤阴通用航空产业园依托豫东北支线机场，规划面积6300亩，主要目标把汤阴航空产业园区建设成为安阳工学院和安阳职业技术学院通用航空相关专业的实践基地。此外，在汤阴航空产业园区建立面向国内外的通用航空器及零部件的制造基地。园区的珠海瀚星公司将建设通用航空产业基地、通用航空飞行合作学院、国际名机展示中心、高端商业综合配套设施等。

六、行业管理主要工作

一是河南省政府出台了《服务郑州航空港经济综合试验区发展的意见》，在此基础上，结合实际提出了《关于把河南建设成为我国通用航空事业暨“低空经济”科学发展试验区的方案》。充分利用河南的区位优势和通用航空基础，大力发展航空产业及与航空产业关联的高端装备制造及旅游业、物流业等。

二是大力引进重点项目，以重点项目为载体加大对航空产业的支持力度。2014年中国（郑州）产业转移航空产业转移专题对接活动在郑州召开，大会取得了丰硕成果。参加本次专题对接大会的共有来自省内外的重点航空产业园区8个、企业101家，共引进签约重点项目26个，重点项目签约金额260亿元。中国航空工业集团公司、上海中天引控科技有限公司、中汇华翼（北京）投资管理中心、西安腾龙航空科技有限公司、上海圆斐航空科技公司、俄罗斯空桥货运航空公司、穆尼飞机零部件制造公司、中法通用飞机制造公司等国内重点航空产业在豫落户和签约。2014年，通用航空园区入驻企业累计达到30家，带动了飞机制造，航空内饰、材料、地产、金融、服务等行业的发展。

（河南省工业和信息化委员会）

湖北省

一、本地区基本情况

2014年，湖北省民用航空工业企事业单位共计16家。主要包括：中航工业武汉航空仪表有限责任公司、中航工业航宇救生装备有限公司（简称中航工业航宇）、中航工业中国特种飞行器研究所、湖北易瓦特科技有限公司、武汉航达航空科技发展有限公司、凌云科技集团有限责任公司、湖北超卓航空技术有限公司、襄阳宏伟航空器有限责任公司、武汉智能鸟无人机有限公司、武汉天河南方航空技术开发有限公司、湖北航宇嘉泰飞机设备有限公司、湖北太航星河飞行器制造有限公司、襄阳航力机电技术发展有限公司、宜昌和达利复合材料股份公司、荆州市锦钿航空配件有限公司、荆州市江汉众力实业有限公司。截至2014年年底，上述16家企业的从业人员总数约为1.79万人。其中，纳入中国民用航空工业统计的企业有7家。

二、生产经营情况

2014年，湖北省民用航空工业实现工业总产值57.8亿元，完成工业增加值16亿元，实现利润1.5亿元。

三、主要产品

（一）民用飞机

A2C超轻型水上飞机、“金雕”系列超视距无人飞艇、易瓦特EWZ－S8八旋翼无人机系统、易瓦特EWZ－S四旋翼无人机系统、易瓦特EWZ－I直升机系统、易瓦特EWZ－IB直升机系统、EWG－I轻型固定翼无人机系统、EWG－II轻型固定翼无人机系统、EWZ－S8Mini型八旋翼智能无人机系统、“智能鸟”多轴八旋翼KCX8无人机、“智能鸟”KC1600电动固定翼无人机、“智能鸟”KC2000油动三角翼无人机、“天鹰”1600“智能鸟”无人机、“智能鸟”KC2800无人机、“智能鸟”长航时无人机、“智能鸟”SY2000型伞翼无人机、“智能鸟”电动多轴六、四旋翼无人机、ANGEL 8座02双发螺旋桨通航飞机。

（二）航空设备及系统

航空电动机、系留热气飞艇浮空平台、救灾专用精确定位空投系统。

（三）民用飞机零部件制造

机载产品，包括迎角传感器、双组合液压表、轮胎压力表、结冰探测器、压力信号器、空调系统中的制冷风门、应急冲压风门、风扇进气道，以及飞机起落架结构件、各种拉杆、舱门零件等，应用于国产ARJ21、“新舟”60等民用飞机上。

（四）其他民用航空产品

商用飞机座椅、商用飞机客舱内饰和生活设备、民航救生衣、热气球、热气飞艇、氦气飞艇、软翼轮式飞行器、滑翔伞、动力翼伞、牵引升空伞、冲浪伞，精密机械加工、模具和航空内饰件制造，以及用芳纶蜂窝生产各种整流罩、机翼前缘、襟翼、方向舵、尾锥、应急出口、天花板、隔板、地板等。

（五）航空维修及服务

民航整机和航空部件维修，目前已经取得“新舟”60系列飞机、EMB145飞机，波音737、波音747、波音757系列，空客A319、A320、A330、A340系列飞机定检维修资质，获得CAAC批准的各型飞机部件维修许可项目2800余项，涉及民航主要在役机型的飞机环控、液压、燃油、发动机附件、电气和电子部件、飞机螺旋桨、起落架等系统和附件、助力器、PRESENT TITLE舵机、电液伺服阀、涡轮冷却器、散热器、水分离器和各种开关、阀门，以及喷漆、无损检测、热表处理等特种作业能力。飞机零部件的维修，包括电子电气设备

（频闪灯、照明灯及各类灯组件）、厨房设备（烤箱、烧水器、咖啡壶等）、救生附件（各类滑梯、救生船、氧气瓶等）、座舱附件、机轮刹车、液压附件和空调散热器的修理。

（六）相关产业的产品及服务

腐蚀防护产品（缓蚀剂、清洗剂），以及无人机驾驶飞行培训、飞行器租赁、飞行服务。

四、产品开发与技术进步

（一）产品开发

中航工业武汉航空仪表有限责任公司开展了民用飞机电脉冲除冰系统技术研究。

中航工业中国特种飞行器研究所研制的A2C－L超轻型陆上飞机已取得型号设计批复书。

湖北易瓦特科技有限公司新开发了EWZ－IB无人直升机、EWZ－S8八旋翼无人机两款新产品。“旋翼无人机项目”被国家科学技术鉴定委员会鉴定为“国际先进”水平。

武汉航达航空科技发展有限公司在C919大型客机项目中，对飞机螺旋桨、压力平衡阀、制冷组件/应急通风冲压风门、干燥器组件、风扇进气道、系列拉杆组件等立项研制，取得4项实用新型专利。现阶段公司研制的油冷交流发电机、顺桨泵电机、PMG交流发电机、电磁换向阀、MPU组件、放气阀、主减滑油冷却装置、引射消音混合室、吸气风扇、电磁切断阀、直流无刷电机等产品的初样样机已陆续交付进行联试试验。

襄阳宏伟航空器有限责任公司的热气球产品从AX－7级至AX－11级形成了系列化的产品，其中AX－7级球已取得限制适航证，针对燃烧器进行技术改进，取得了1项实用新型专利，并在异形球设计方面取得重大突破，前后研发了“熊猫”“大黄鸭”“和路雪”“小猪”“灯笼”等异形热气球。

荆州市江汉众力实业有限公司有20多种特殊工艺通过了美国赛斯纳飞机制造公司的审核，所有产品通过了美国联邦航空局（FAA）准予生产的审核。

（二）民用航空科研项目情况

中航工业航宇开展波音原型机项目、新型经济舱座椅项目等重大科研项目30余项。其中，波音原型机项目实现了国外技术资料相关模板应用，并达到技术要求；KKY420座椅达到国际先进技术水平；KY1414盥洗室有效改善机舱环境，提升了人机功效。

武汉航达航空科技发展有限公司开展飞机维修能力研发项目，包括飞机电力供应系统、基本设施设备、照明系统、排污系统、空气调节系统、气动系统、发动机进气系统、发动机起动系统、氧气系统、飞行控制系统、燃油控制系统、液压动力系统、起落架系统和附件、发动机燃油和控制、螺旋桨的维修能力开发。

凌云科技集团有限责任公司开展空客A320飞机维修定检项目开发，获得A320（CFM56）系列飞机定检维修资质；完成69项150件民航部件新产品试修，取得32项产品局方维修许可。与国航武汉维修基地签订框架合作协议，签订A320工装设备采购合同101项。

湖北超卓航空技术有限公司开展波音飞机维修定检项目开发，已向美国联邦航空局申请认证，获得波音系列飞机的大修资格。

襄阳宏伟航空器有限责任公司开展柔翼无人机、无人化人工降雨作业平台的设计与研制项目。

宜昌和达利复合材料股份公司与中国直升机设计研究所签订厂所研制协议，就直升机主减舱固定罩与活动罩用过拉伸蜂窝项目展开研制合作。与湖北航宇嘉泰公司、中国直升机设计研究所、昌河飞机制造有限公司等多家单位签订合同与研制协议。

（三）技术进步

中航工业中国特种飞行器研究所开展了轻型运动飞机、地效飞机、低空载人观光气球、载人飞艇和载重飞艇的研制，申请36项发明专利和实用新型专利，在水陆两用飞机、地效飞机和飞艇领域获得4项发明专利。

襄阳宏伟航空器有限责任公司研发的热气球空投试验平台是特种轻型航空器工程技术研究中心外场试飞实验室重点试验平台之一。该平台为航宇救生装备有限公司、南开大学、北京航空航天大学、北京理工大学、西安365所等高等院校及科研院所的重点科研项目做了关键性的空投试验验证，该项目获得1项发明专利、2项实用新型专利。

武汉智能鸟无人机有限公司对 KC1600 机型进行改进，取得了 12 项实用新型专利和 2 项外观专利。

宜昌和达利复合材料股份公司在国内率先使用国产芳纶纸生产蜂窝材料，其综合性能已经达到美国杜邦纸蜂窝的性能指标。“一种过拉伸成形的芳纶蜂窝”获得实用新型专利证书，这种新产品不仅涵盖了普通芳纶蜂窝的所有特性，而且在柔软性和铺覆性上取得了重大突破，对芳纶蜂窝复合材料的曲面件、异形件等提供了足够的优质选材基础。

荆州市江汉众力实业有限公司获得了新型氩弧焊简易弯管检测装置喷嘴、新型液压铆接系统、高精度焊接定位装置、淬火水槽可溶性固体总量监控装置及方法、高精度矫正工装、高精度角度切割用定位夹紧装置等 7 项实用新型专利。

五、对外贸易与合作

（一）对外贸易情况

中航工业航宇救生装备有限公司成为美国诺丹公司、新加坡徕卡公司的供应商，出口多类航空产品。

中航工业中国特种飞行器研究所与德国贝洱有限公司、美国摩丁制造公司和韩国万都等公司签订了价值 1 亿元的贸易合同，同比增长 41.2%。

武汉航达航空科技发展有限公司与上海普惠、STA、香港航空、泰国航空、印尼 GMF、澳大利亚的捷星航空、法国航空、波音公司、瑞士航空技术公司、香港飞机工程有限公司等公司达成长期战略合作，完成维修订单 2760 项，实现销售收入 1004.7 万美元。

荆州市江汉众力实业有限公司与美国赛斯纳飞机制造公司签订价值 6 亿元的长期合作协议，2014 年完成产品样件的交付。

（二）对外合作情况

襄阳宏伟航空器有限责任公司与德国 U-turn 公司签订了关于滑翔伞及配套产品认证项目的合作协议。

航宇嘉泰香港控股公司、美国 ELAN 飞机座椅有限公司注册成功，正式进军海外市场。公司研发的新一代三款经济舱航空座椅参加了德国汉堡航展。

湖北太航星河飞行器制造有限公司目前正在与美国安琪飞机公司合作开发 350 马力活塞式航空煤油发动机，已经完成设计阶段。

六、重大基础设施建设

（一）园区和产业基地建设情况

襄阳航空航天工业园是工业和信息化部批准的“国家新型工业化产业示范基地”，规模以上企业达 120 多家，2014 年实现工业总产值 138 亿元，较 2013 年同比增长 18%，示范基地规模企业工业增加值 100 亿元，固定资产投资完成 120 亿元，完成项目建设 7 个，新开工项目建设 8 个，投资规模达到 23 亿元。园区初步形成以中航工业航宇、航天三沃、空军 5713 工厂、湖北超卓航空技术有限公司、湖北西航精工材料有限公司、北航旋转机电等为代表的航空航天特色产业集群。

（二）企业基础设施建设情况

中航工业航宇在襄阳兴建航空工业园，实现相关产业聚集。目前部分企业已搬迁进驻。

中航工业中国特种飞行器研究所完成漳河通用机场改扩建工程项目的预科研工作。

在武汉蔡甸区的易瓦特航空产业园项目目前已完成项目备案证、土地证、环评、能评等建设手续，该园区面积 5.4 万米^2。

湖北超卓航空技术有限公司整体搬迁至航空部附件测试中心。该项目建设面积 14000 米^2（新建厂房办公楼和检测车间 12476 米^2，附属工程 1524 米^2）；土建和附属工程投资 1800 万元，设备投资 350 万元，总投资 3150 万元。

荆州市江汉众力实业有限公司为完成美国赛斯纳飞机制造公司项目共投资 1690 万元。其中：厂房建设 930 万元，设备投资 760 万元。

湖北太航星河飞行器制造有限公司通用飞机产业园区通用飞机制造基地一期建设项目计划投资 12001.6 万元，新增轻型飞机生产线 4 条，新增主要生产设备 44 台（套），项目建成后生产规模达到年生产 ANEGL 8 座轻型飞机 300 架，目前完成新增建筑面积 34000 米^2。其中：钢结构总装车间 1 栋，9720 米^2；框架结构 4 层电子车间 2 栋，共计 11000 米^2；框架结构 5 层研发中心 6780 米^2；框架结构 5 层办公楼

6500 米^2。

七、行业管理主要工作

一是加强产业顶层设计。经湖北省政府批准，编制上报了《湖北省航空产业发展规划(2015—2020)》。该规划涵盖航空工业、航空制造业、航空服务业和航空基础设施建设等方面，主要关注航空研发、制造、服务领域重大方向、重大项目的产业发展导向。

二是积极酝酿产业政策。为交流湖北航空产业发展情况，讨论研究促进湖北航空产业发展的政策与措施，召开全省航空产业发展座谈会，并起草上报了《湖北省人民政府关于加快航空产业发展的意见》。

三是加强招商引资力度。积极推动湖北太航星河飞行器制造有限公司和武汉卓尔航空投资有限公司等企业的航空工业项目落地实施，组织省内企业参加第十届中国国际航空航天博览会，充分利用各种平台帮助企业扩大知名度、拓展市场。

四是解决企业发展难题。集中征集湖北省内航空企业在发展中面临的问题，对全省 13 家航空从业企业提出的 28 个问题，分别征求相关地区和部门的意见并积极协调予以解决。

（湖北省国防科学技术工业办公室）

湖南省

一、本地区基本情况

湖南省已形成了完整的民用航空工业科研生产体系。全省主要民用航空工业企事业单位包括中航工业湖南资产经营管理有限公司（湖南航空工业局）、中国南方航空工业（集团）有限公司等16家单位。通过多年发展，全省拥有企业技术中心27个（其中国家级9个），国防科技重点（学科）实验室28个（其中国家级9个），博士后工作站8个，国家国防科技工业创新团队5个。拥有中南大学、湖南大学、南华大学、湘潭大学4所部省共建高校，为民用航空产业发展提供了强有力的人才保障。拥有一个挂牌国家级新型工业化产业示范基地（军民结合）的株洲航空产业园。全系统拥有资产总额185.8亿元，从业人数近2万人。

二、生产经营情况

2014年，湖南省民用航空工业总产值23.6亿元。

三、主要产品

（一）民用飞机

SA60L轻型运动飞机、SUT90固定翼无人机、SUF30航拍无人机、多轴旋翼无人机、ST系列动力三角翼等。其中SA60L轻型运动飞机（阿若拉）是国内第一款具有自主知识产权的复合材料轻型运动飞机，是国内首款获得中国民航适航认证的轻型运动飞机，也是国内首款在欧洲获得适航注册的轻型飞机。

（二）航空发动机

涡轴、涡桨、中小涡扇、活塞发动机。

（三）航空设备及系统

各类飞机前、主机及电子防滑刹车系统。

（四）航空零部件

涡桨、涡轴、涡扇发动机以及辅助动力装置零部件；飞机起落架系统，波音、空客公司侧撑杆、防扭臂等零部件，EC175直升机尾传动系统，AC313型飞机中尾减速器；承担加拿大普拉特·惠特尼公司（简称加拿大普惠）、美国霍尼韦尔公司、汉胜公司、法国透博梅卡公司等国外知名民用航空产品的零部件转包生产。

（五）航空维修

航空零部件等配套产品及航空发动机、飞机起落架修理等。

四、产品开发及技术进步

中航湖南通用航空发动机有限公司（简称中航通发公司）。承担国家科研课题1项、申报湖南省部级技术发明奖2项、申报中航工业集团公司科技奖2项。2014年申请国家专利共计13件，其中发明专利4件，2014年获授权专利共14项（包括2013年申请的4项）。

中航飞机起落架有限责任公司（简称中航工业起落架）。公司与德国利勃海尔公司合作，共同承担了C919大型客机起落架项目，承担了AG600、“新舟”700等民用飞机起落架项目。

中航工业长沙中传机械有限公司（简称中航工业中传）。于2014年立项研制AC313A中尾减速器，现已完成了方案及详细工程设计评审工作，进入投产研制阶段。

湖南博云新材料股份有限公司。碳/碳复合航空刹车材料E190飞机刹车副研制项目投入480万元，2014年4月通过民航中南地区管理局适航审定处的审查批准，11月完成飞行验证试验，并由中国民用航空局领导和专家对试验结果进行了审查评审，得到一致肯定。目前已通过鉴定评审，并取得PMA证。

五、对外贸易与合作

中航通发公司的主要外贸产品为机匣、轴

承座、扩压器、薄壁件、环形件、钣金件、轴类、胀圈等航空零部件，2014年出口交付金额为15002万元。该公司主要对外合资项目为，2014年，中航通发公司与加拿大普惠已谈妥相应的合资合同修正案和章程修正案，预计2015年完成株洲通惠航空发动机维修有限公司的注册并启动相应的建设工作。2014年，中航通发公司与美国霍尼韦尔公司开展了APU修理的交流，与美国莱康明公司探讨了航空活塞市场的前景。

中航工业中传。透博梅卡公司愿意将中航工业中传列为其中国战略布局的三个供应商之一，为公司长期生产阿赫耶I型和II型发动机零件；并在此基础上，联合开发新的机型，我方负责生产和制造，法国方面提供技术指导和支持。

六、重大基础设施建设

（一）中航工业起落架转包生产二期建设项目

中航工业起落架。2014年，民用航空产业基础设施建设项目为转包生产二期建设项目。目前，完成新建的机械加工、热处理、表面处理厂房24000米^2，交付使用机械加工、热处理、表面处理、检测试验等各类工艺设备90余台/套，满足转包生产需求。

（二）株洲航空产业示范园基础设施建设

株洲航空产业园。根据株洲市、区两级政府的部署，新芦淞集团作为株洲市千亿通用航空产业的产业发展商和城市建设商将全力推进株洲通用航空城的产业发展和城市建设，抓紧营造良好的产业发展环境，已启动多个重点基础设施和产业配套项目的建设。其中，株洲通用机场项目计划总投资4.5亿元，一期规划用地约642亩，跑道长800米，宽30米，航站楼总建筑面积约2440米^2；机场大道建设项目是株洲东部航空新城对外主要交通干道，是确保通用机场建设、运营的关键工程，计划总投资4亿元，宽36～42米，长2.74千米，占地330亩，2014年完成投资1.5亿元。

七、行业管理主要工作

一是加强行业规划。贯彻落实工业和信息化部发布的《民用航空工业中长期发展规划（2013—2020年）》精神，湖南省政府出台了《湖南省通用航空发展规划（2013—2020）》（湘政办发〔2014〕12号），明确了未来几年湖南省通用航空发展的总体目标和发展重点，规划了全省各市州的产业布局，提出了具体的政策和资金保障措施。同时，湖南省政府颁布了《关于支持航空装备产业发展的若干政策措施》（湘政办发〔2014〕27号），对航空装备产业基地建设、集群发展、科技创新、组织保障等方面提供了强有力的政策支持。

二是加大政策资金扶持。持续整合省内财政各类专项资金对民用航空工业的扶持力度，将民用航空产业作为军民融合支柱产业做大做强。湖南省国防科技工业局与国家开发银行湖南省分行开展银企对接，落实《支持军民结合产业发展开发性金融合作备忘录》精神，2014年全年共为含民用航空在内的军民融合产业融资达20亿元，有效地解决了部分企业融资难问题。工业和信息化部将银企结合的“湖南模式”在全国大力推广。

三是加强园区建设。2014年11月，湖南省政府常务会议决定集中两年时间在全省大力实施创新创业园区发展“135”工程，即重点扶持100个创新创业园区、重点建设3000万米^{2}以上的标准厂房、重点引进5000家以上创新创业企业，为加强推进包括航空产业园区在内的全省各类产业园区建设搭建良好平台。

（湖南省国防科技工业局）

广东省

一、本地区基本情况

2014 年，广东省纳入全国民用航空工业统计管理信息系统的民用航空工业企事业单位共 8 家（不含中央在粤企业），构成分别是：深圳市大疆创新科技有限公司（港澳台商独资）、广州飞机维修工程有限公司（港澳台商合资经营）、珠海保税区摩天宇航空发动机维修有限公司（中外合资经营）、广州航新航空科技股份有限公司（股份有限公司）、深圳市多尼卡电子技术有限公司（私营有限责任公司）、深圳中集天达空港设备有限公司（外资企业）、深圳一电科技有限公司（私营有限责任公司）、汕头市西北航空用品有限公司（其他有限责任公司），从事行业主要是飞机制造及修理和其他航空运输辅助活动行业。以上 8 家企业从业人员总数是 10438 人，其中工程技术人员 4307 人、研究与试验发展人员 2697 人。

二、生产经营情况

广东省纳入全国民用航空工业统计管理信息系统的民用航空工业企事业单位实现营业收入 109.3 亿元，工业销售产值 101.1 亿元，完成工业总产值 108.6 亿元，营业利润 14.0 亿元。

三、主要产品

（一）民用飞机

西锐 SR20/SR22、在研的“海鸥”300 轻型水陆两栖飞机、AG600 大型灭火/水上救援水陆两栖飞机、TP150 轻型单发涡桨公务机、SF50 轻型单发喷气式公务机等，在国内组建合资公司引进生产的赛斯纳 208 和“奖状”XLS+等型号、多旋翼飞行器、小型多旋翼一体机，以及 Phantom 无人机和一电民用无人机。

（二）航空电子系统及设备

空港自动化物流处理系统、航空货物处理系统、现代物流仓储系统、自动化立体停车系统、飞行控制系统、云台系统、自主研发机载数码音频播放器、机载数码视频播放器、机载音视频点播系统、机载客舱无线娱乐系统等系列产品，快速获取舱音记录装置（QACVR），舱内无线局域网娱乐系统（WIFI），LTE ATG 上网解决方案，Ku 卫星地空互联系统、ATE 产品研制，空中防撞计算机、近地警告计算机、应答机、甚高频电台、应急定位发射机、飞行参数记录系统等加改装。机载设备和检测设备研制，包括多型号、不同系列飞行参数记录系统，飞行管理数据打印机，闭锁铰链控制盒，音频控制面板。

（三）航空维修、改装及服务

航线和周期性维护及特种检查、结构修理及零件翻修，APU 及发动机热部件、冷部件检修以及单元体更换和检修，适航及服务改装，飞机损伤修理，飞机翻新、喷漆、内部装修，提供特种车辆服务和维修，地面设备修理、制造及零备件加工。飞机维修业务所涵盖的机型包括：波音 737、波音 747、波音 757、波音 767、波音 777，空客 A300、A310、A319、A320、A321、A330、A380，EMB145 和 ERJ190 等目前国内常见机型。附件维修能力覆盖液压、气动、燃油、飞行操纵、机载应急设备、起落架、机轮/刹车、无线电、机载计算机、仪表、娱乐系统、发电机、电气附件等几乎全部附件种类。V2500 - A5 和 CFM56 - 3、CFM56 - 5B、CFM56 - 7B 四个型号发动机的维护、修理和翻修，备用发动机租赁，现场及在翼维修，航线可更换件支持（LRU）和 24 小时航线应急支援（AOG）。

（四）其他民用航空产品

旅客登机桥、旅客登船桥、航空食品车和军用货物装卸运输平台、民用无人机航拍装备、运动摄像机、军警拍摄装备、飞机金属刹车副、碳刹车副，以及飞机客舱与货舱零部件，公司客舱与货舱零部件产品有5000多个品种。

四、产品开发与技术进步

广州飞机维修工程有限公司。2014年全年科技创新项目立项30项。专利申请总量达到69项，其中发明专利21项、实用新型专利45项、外观设计3项，新增发明专利授权4项、实用新型专利授权10项。深化M&E系统在航材、大修和航线部门的应用，推进M&E系统在附件业务中心的推广应用，完成了首台FMC300型飞机无杆牵引车整车大修工作，在地面支援设备维修方面取得了突破进展，填补了特种车辆维修的空白。

深圳中集天达空港设备有限公司。已获得授权和在申请的各项专利255项，发明专利申请168项，授权专利163项。

珠海保税区摩天宇航空发动机维修有限公司。2014年，开发了CFM34－10发动机的在翼维修能力。

广州航新航空科技股份有限公司。设有省级企业技术中心。自2008年以来相继申请了70多项知识产权，其中包括近20项专利，自动测试系统、自动测试软件、无线电罗盘测试软件、塔康精密测距机载设备测试软件、全自动数字开调测试软件、无线电高度表测试软件、模块化通用测试系统、无线电高度收发机测试软件等综合检测领域内50多项软件著作权。

汕头市西北航空用品有限公司。民用飞机客舱零部件及材料的研发、飞机货舱零部件及材料的研发、波音737－600/700/800型飞机金属刹车副的研发、空客A318/A319/A320系列飞机碳刹车副的研发、湾流公务机碳刹车副的研发已取得成功，部分已获得了美国联邦航空局（FAA）零部件制造人批准书。在研制过程中掌握了高摩擦、高力矩特性飞机刹车副的核心制造技术。

深圳市多尼卡电子技术有限公司。深圳市飞机客舱电子系统工程技术研究开发中心依托单位，拥有航电电磁兼容测试系统、飞机客舱无线接入控制系统软件、航电部件测试系统和地面配套系统等先进研发试验设施，拥有65项自主知识产权。承担了QACVR（快速获取座舱音频记录器，编号为CTSO－2C601）和机载无线局域网娱乐设备2项民航行业标准起草工作。具备FAA、EASA、CAAC适航取证能力，获批EASA POA证书，拥有中国民用航空局授权委任的生产检验委任代表和工程委任代表。已获得中国民用航空局颁发的零部件制造人批准书（PMA证书）、改装设计批准书（MDA证书）和维修许可证书（MOC证书），获得美国联邦航空局颁发的补充型号合格证书（STC），欧洲航空安全局颁发的补充型号合格证书（STC）和设计单位批准证书（APDOA），同时获得6大好莱坞电影公司加密体系认证证书。

中航通用飞机有限责任公司。申请专利43项（其中发明专利申请32项），获得授权10项。获得中国航空工业集团公司科技成果奖5项，其中二等奖1项。开展了《先进公务机构型研究》和《复合材料主承力结构设计与制造技术研究》，计划2015年12月底完成两项目验收。

深圳一电科技有限公司。已申请发明专利、PCT国际专利、实用新型专利、外观专利、软件著作权600余项。所开发的产品有：AEE无人飞行器，包括飞行器目标识别技术，飞行器目标定位技术，飞行器目标跟踪技术，飞行器目标的高清图像采集、存储和实时高清传输技术，飞行器云台自稳技术。AEE运动拍摄装备，包括AEE可穿戴设备、运动拍摄装备，主要在高分辨图像捕获与处理技术攻关，同时对可穿戴人机工程特点进行研究。

深圳市大疆创新科技有限公司。民用无人机产品八成以上出口至海外，占全球市场份额约七成。所开发的产品有：飞行控制系统、云台系统、多旋翼飞行器、小型多旋翼一体机等系列。在无人机飞行及地面站控制、专业影视航拍、直驱三轴陀螺稳定云台、高清远距离数字图像传输等方面均拥有核心技术。2014年PCT专利申请170多件。

五、对外贸易与合作

（一）对外贸易情况

广东省纳入全国民用航空工业统计管理信息系统的民用航空工业企事业单位本年度新接订单中出口确认订单：民用飞机零部件120万元，其他民用航空产品及零部件8428.50万元，民用飞机修理（不含发动机）25907 万元，民用航空发动机修理 274283 万元。本年度储备订单中出口意向订单：其他民用航空产品及零部件 100 万元，民用航空发动机修理 932316 万元。

（二）对外合作情况

广州飞机维修工程有限公司。拥有中国民用航空局、美国联邦航空局、欧洲航空安全局等 20 个国家和地区适航当局批准的民用航空器维修许可证。完成第三方国际客户的飞机维修 94 架次。第三方客户除国际知名货运航空公司之外还包括韩亚航空、冰岛航空、菲律宾航空、柬埔寨百善航空、马尔代夫航空、俄罗斯航空等国际客户，业务量同比增长了 15%。

深圳中集天达空港设备有限公司。已为全球 50 多个国家的机场提供了 3000 多台登机桥产品及航空货物处理系统设备。2010 年与法国巴黎机场管理公司、荷兰史基辅机场集团共同签署旅客登机桥“5 + 5”年长期框架采购协议，在 5 ~ 10 年里将成为法国巴黎戴高乐国际机场、巴黎奥利机场和荷兰阿姆斯特丹机场旅客登机桥更换、改造和购置新登机桥的全球唯一的供应商。2012 年起，成功收购了民航协发机场设备有限公司、法国 Air Marrel 公司、德国 Ziegler 集团、新加坡德利国际有限公司。与日本三菱电气公司、德国西门子电气公司、法国施耐德电气公司、日本 DIGITAL 电气公司（Pro - face）和美国组态软件 Intellution 公司共同组建电气开发的实验室，先后开发出各种登机桥的控制系统，A380 高桥四轮驱动控制系统，双桥/三桥防撞控制系统等。

珠海保税区摩天宇航空发动机维修有限公司。与 MTU 集团旗下的企业、各维修基地开展技术交流和技术项目转让等合作，在零部件清洗、高压水剥离、无损探伤检测、表面处理、焊接、机加工、等离子喷涂、热处理、电镀、涂层剥离和高速磨削等方面具备了行业内最高标准的技术能力，能够为客户提供 MTU 全球标准的维修质量和创新服务。具备 V2500 - A5 和 CFM56 - 3/5B/7B 所有单元体、零配件的拆装和 80% 的发动机零部件的深度维修能力，维修项目达 2600 多项，能够出具发动机整体及 9000 个发动机部件（件号）的产品合格证明。

广州航新航空科技股份有限公司（简称航新公司）。拥有包括中国（CAAC）、美国（FAA）、欧洲（EASA）等多项全球主要适航体系认证的 MRO 企业，具备波音、空客等 40 多种民机和各种军用飞机及通航飞机电子、机械部附件的维修能力。BAE、CIRCOR、KIDDE AEROSPACE、UNIVERSAL AVIONICS 等多家国际知名 OEM 授权航新公司为其维修中心。

汕头市西北航空用品有限公司。与乌克兰国家科学中心哈尔科夫物理技术研究院合作研发项目，引进成熟的热梯度化学气相沉积设备的制造技术，研制出性能优越的碳/碳复合材料刹车副，获得了 2012 年省国际合作项目的专项资金。

深圳市多尼卡电子技术有限公司。与柯林斯公司建立战略合作，已在空客 A319、A320、A321、A330 和波音 737、波音 747、波音 757、波音 767、波音 777 等机型上实施过改装，客户遍及国内外航空公司，并成功进入欧洲、美洲、亚洲、非洲的多个国家和地区。

中航通用飞机有限责任公司。西锐项目：AG300 公务机以中航通飞研究院为主研制，西锐公司参与配合，2014 年 7 月 5 日，该款飞机可研验证机首飞成功。除此之外，“西锐” SF50 飞机以西锐公司为主研制，中航通飞研究院参与设计团队，共同开展设计、试验、试制、取证等工作，已于 2014 年成功完成 3 架适航验证机首飞，预计 2015 年取得适航证，并适时在珠海建设 SF50 生产线。赛斯纳合资项目：与美国先进通用飞机制造商赛斯纳飞机公司（简称赛斯纳）开展合作，于石家庄、珠海两地成立合资公司，生产 208B 多用途飞机和“奖状” XLS + 高端轻型公务机。石家庄合资公司于 2013 年完成组建工作，并于当年组装交付了 5 架赛斯纳“凯旋” 208B 飞机，截至 2014 年年底，共交付 19 架 208B 飞机。珠海合资公司也已于 2014 年 7 月注册成立，当年交付 2 架“奖状” XLS + 公务机。

六、重大基础设施建设

广州飞机维修工程有限公司。2014 年 12 月 8 日，清远起落架大修基地项目奠基。该项目初始投资 2 亿元，首期工程开发总建筑面积为 10818 米^2，包括起落架分解、清洁、修理、组装、测试厂房及配套生活设施。

汕头市西北航空用品有限公司。投入厂房、设备等基础及配套设施建设，引进了刹车副研发及生产专用设备，主要有粉末冶金摩擦材料生产设备、碳/碳复合材料刹车盘生产设备、机加工生产设备、化学气相沉积炉、真空液相浸渍炉、高温热处理炉、高温石墨化炉、烧结炉、振筛机、混料机、液压机、干燥箱、布氏硬度机、洛氏硬度机等及其他辅助设备。

中航通用飞机有限责任公司。珠海通用航空试验试飞基地（一期）、湾仔总部及研发基地，项目计划投资 19.3 亿元，截至 2014 年年底，累计完成投资 19.08 亿元。珠海通用航空试验试飞基地（一期）已完成建设并投入使用，建筑总面积共计 8.536 万米^2。湾仔总部及研发基地已完成临时办公楼及新通用航空展厅建设、园区景观绿化及围栏建设，总部已经入驻办公。石家庄通用航空产业基地建设项目，计划投资 10 亿元，已累计完成投资 7 亿元。一期建设已于 2013 年年底完成并投入使用，形成了年产中小型通用飞机 300 架的生产能力。

深圳一电科技有限公司。已于 2012 年、2013 年分别购置 10 万米^2、5 万米^{2}的土地，用于建设企业航空航天产业交流基地。

七、行业管理主要工作

一是统筹通用航空发展。广州市开展了《广州通用航空发展规划（2015—2030 年）》的编制，拟依托广州空港经济区、广州开发区、南沙、增城开发区，重点发展飞机维修与制造业。引入国际一流商务机维修服务商，形成从运输飞机到商务飞机的全系列产品维修能力，将白云机场打造为全国三大航空维修制造产业集群之一。引进关键零部件制造商，推进高端航空复合材料制造技术的研究与生产，提升广州航空制造、维修、改装产业的核心竞争力。深圳市出台了《深圳市航空航天产业发展规划（2013—2020 年）》和《深圳市未来产业发展政策》，组织实施未来产业专项扶持计划，扶持航空航天产业项目，力求突破航空航天重点领域关键核心技术，整合提升优势航空航天产业资源，打造一批优势明显、引领作用强的航空航天精品龙头企业。

二是加大招商工作力度。利用举办第十届航展契机，积极开展招商活动，期间共签约 8 个航空航天项目。率队前往北京、重庆、成都等地开展“走出去”招商，积极推进乌克兰大飞机项目、清华大学无人直升机项目、中恒集团航空等项目的洽谈对接。全年共落户航空项目 10 个，项目投资总额 92 亿元，其中 7 个已完成工商注册，注册资金总计 14.03 亿元，涵盖航空制造、维修、运营服务、物流、航空电子、卫星、前沿科技研究等领域。举行了白龙河尾围填造地工程、民航飞行校验中心南方基地、珠海广联通用航空设备有限公司 3 个重点项目的动工仪式。

三是加大企业支持服务力度。支持中航工业通飞公司申请部、省各类政策扶持资金达 3500 万元。大力支持园区企业申报各级各类财政扶持资金。对中航通航、珠海羽人飞行器有限公司、珠海华翔通用航空有限公司等企业的办公楼租赁、机场起降、飞机厂房租赁等费用给予扶持补贴。协助企业办理项目立项、商事登记、税务登记等手续；协调机场相关部门支持落户项目办理经营场地使用、机场保障协议等手续，协助通航企业推进筹建工作。树立园企合作典范。协助珠海华翔通航公司开展公益性航空飞行体验活动，把华翔公司青少年航空体验打造成为特色旅游景点。

四是充分发挥智库作用。聘请中航工业通飞公司有关专家作为航空产业专家顾问。拜访航空业内院士等专家顾问，征询航空产业园发展建设性意见，引荐发动机项目。邀请国内知名专家参加航展开幕式、签约仪式、投资环境介绍会等活动。

五是创新发展取得新突破。开通了“珠海—阳江—罗定”低空转场训练航线。由中航工业通飞研发的我国首款具有自主知识产权的全复合材料涡桨公务机“领世”AG300 在金湾机场首飞成功，改写了我国同类型飞机全部由国外进口的历史。

（广东省经济和信息化委员会）

四川省

一、本地区基本情况

截至2014年年底，四川省从事航空装备制造的企事业单位共62家，其中规模以上企业49家，百亿级企业2家，上市企业4家，主要由中国航空工业集团公司、中国电子科技集团公司在川企事业单位、地方军工电子企业、部队企业、民口配套单位构成，从业人员近8万人。已建成国家级重点实验室2个、国防科技工业重点学科实验室1个、国防科技工业先进技术研究应用中心2个、国家级企业技术中心4个，拥有我国唯一的发动机高空试验台和亚洲最大、世界第二的风洞群。

二、生产经营情况

2014年，四川省航空工业（含央属企业、地方军工电子和民口配套单位）实现工业总产值282亿元，同比增长12.37%；工业增加值78亿元，同比增长12.75%；出口产值25亿元，同比增长40.7%。其中民用航空工业实现主营业务收入62亿元，同比增长25.2%；工业企业完成工业总产值58亿元，同比增长12%；实现利润2.8亿元，同比增长15.2%；转包生产交付金额10.9亿元，同比减少12.1%。

三、主要产品

（一）民用飞机结构件

C919大型客机机头、飞机前机身段等飞机结构件、ARJ21新支线飞机机头的研制生产以及波音、空客等国际民用飞机大部件转包生产，主要产品有大中型飞机机头部件、机身部件、舱门、翼面共4大类、23项、40余个型号，覆盖机型包括单通道系列、双通道系列、公务机系列等。

（二）航空发动机

航空发动机及关键零部件的研发制造和国际转包生产，主要产品有核心机、验证机及燃烧室、机匣、叶片、传动部件、密封件、环形件等航空发动机零部件，产品涉及美国GE公司、普惠公司、罗罗公司等国际知名企业多个型号的民用航空发动机，同时承担了中航工业商发CJ－1000民用航空发动机的研制生产任务。

（三）航空电子系统及设备

机载娱乐系统、客舱广播内话系统、机载显示系统、综合化航电系统等航电系统及设备；飞行控制系统、液压系统、电源系统等航空设备及系统；机载综合监视系统、机载卫星导航系统、大气数据系统、飞行数据集成系统等机载综合系统；新一代地空监视系统、空管二次雷达、机场防入侵探测系统、空管模拟训练装备、场面监视雷达等空管系统及装备。

（四）航空材料及元器件

航空钛合金、含铼高温合金、碳纤维等航空复合材料，以及硅MEMS传感器及敏感元件、高档振动传感器、航空电源、线缆、连接器、航空照明等基础元器件。

（五）航空维修、改装及服务

干支线飞机机体，航空发动机整机及压气机部件、涡轮部件、燃烧室部件、全权限数字发动机控制器（FADEC）系统等关键零部件，起落架、复合材料构件、机载部附件、辅助动力装置（APU）等的深度修理能力；低空空域监视和运行服务、机场监视和管理、机场信息系统、行李处理系统、机场安全管理系统、空管仿真模拟训练系统和飞机除冰液、飞机清洗剂等产品；航空培训、航空租赁、航空信息服务等业务。

四、产品开发与技术进步

（一）新产品开发情况

民用客机内照明系统、中小型航空发动机

维修、民航机场行李自动分检系统已进入产业化阶段。运12运输机航空电池和应急照明电源、运8运输机燃油测控系统、AC313直升机燃油测量系统等已进入批量生产。甚高频话音电台（SPMH－1000）已获取民航临时使用许可证并在国家低空空域管理系统试点建设项目上使用，完成累计50余套设备的销售。

中航工业成都飞机研究设计所研制的国内首款弹射起飞、具备精确撞绳拦阻无损回收能力的“灵龙”无人机交付用户使用，国内首款具备垂直起降能力的VD型系列无人机已开展科研试飞工作。此外，“海巡者”无人机成功中标山东渔政政府采购项目，实现了市场化，开拓民用市场零的突破。

中航工业成都飞机工业（集团）有限责任公司研制的“天翅”1型近程中低空多用途无人机，主要用于公安防暴、巡逻侦察、环境监控、测量测绘、航空拍摄、抢险救灾等领域。

中航工业成都飞机工业（集团）有限责任公司研发的柴油发动机电控燃油喷射系统，利用飞机制造中的复杂精密零件加工技术，与清华大学联合研制开发，具有完全自主知识产权，被列入国家发展和改革委员会资助的“国家高技术产业化汽车电子重大专项”。目前年生产能力7万台（套），年收入2亿元。

（二）重大技术进步情况

解放军5719厂自主研发了基于再制造和深度修理的“高压涡轮导向叶片修复技术”“高压涡轮工作叶片叶尖激光熔覆接长工艺技术”等9大类核心修理技术。

中电科航电公司开展了“通用飞机综合显控系统样机研制”“民机数据链技术研究（第一阶段）”“民用飞机电子设备参数化成本估算”“低空空管体系及关键技术”“C919 CCS－IFE接口测试台研制”“民用飞机航电系统及设备自主研发（国产化）”“一体化无人机应用系统研究”等项目。

中航工业燃气涡轮研究院依托军用航空发动机研究和产品研制方面的经验，开展了民用航空发动机技术研究，在民用大涵道比涡扇发动机单级风扇、多级增压压气机、高效高负荷高压压气机、低污染长寿命燃烧室、高效高压涡轮、发动机系统等领域开展了大量研究工作，取得了丰硕成果。

东方汽轮机有限公司初步掌握了燃机研发设计技术，完成了50MW重型燃机原型机系统设计和结构设计，实现了东汽燃机自主设计技术从无到有的突破；初步攻克了燃机关键工艺技术，完成了高温透平叶片毛皮铸造工艺技术研究，完成了燃烧器制造成形、焊接、加工、涂层、装配工艺技术研究；初步掌握燃机试验验证技术。

五、对外贸易与合作

（一）对外贸易情况

2014年，四川民用航空工业完成出口交货额25亿元。其中，中航成飞民用飞机有限责任公司（简称中航工业成飞民机）转包生产实现销售收入1.15亿美元，中航工业成都发动机（集团）有限公司（简称中航工业成发）外贸产品交付额约2亿美元，中航工业凯天电子公司民用航空产品交付金额8400万元。

（二）对外合作情况

中航工业、成都市政府以及塞斯纳公司三方签署了“喷气式公务机项目合作框架协议”，将在成都发展高端喷气式公务机。

中航工业成飞民机继续加强与美国波音公司、欧洲空中客车公司、美国沃特公司、欧洲防务集团、法国达索公司、以色列航空宇航公司的合作，形成了机头、舱门、活动翼面、壁板四大类优势产品，涵盖波音737、波音747、波音757、波音787，空客A320、A330/340、A380、A350等民机机型。此外，分别与法国斯利康姆公司、香港航技集团在成都设立合资公司，开展精密零件、复合材料等生产项目。

中航工业成发与普惠动力系统公司（PWPS）签署长期战略合作协议，将为PWPS在全球范围内提供最新型燃机FT4000的动力涡轮单元体，并以此为跳板持续引入新的合作伙伴，仅动力涡轮产品在未来至少为中航工业成发带来超过10亿美元的外贸销售收入。此外，继续加强与GE公司、罗罗公司、霍尼韦尔公司等重点客户的紧密合作，与罗罗公司形成了战略合作伙伴关系、与霍尼韦尔公司形成了核心合作伙伴关系、与GE公司形成了长期合作伙伴关系。

此外，四川九洲电器集团有限责任公司与罗克韦尔－柯林斯（Rockwell Collins）公司、泰雷兹（Thales）公司、ACSS 公司，凯天电子与霍尼韦尔（Honeywell）公司、埃斯特莱（Esterline）公司、科瑞恩（Crane）公司，泛华航空与英国韦斯顿（Weston）宇航公司、美国派克（Parker）公司，川大智胜与美国飞安公司，中国第二重型机械集团（德阳）万航模锻有限公司与德国利勃海尔（Liebherr）公司、法国赛峰集团梅西埃－布加迪－道蒂（Messier－Bugatti－Dowty）公司、美国普惠公司、波音公司、庞巴迪公司等分别开展了技术交流和业务合作。

六、重大基础设施建设

（一）园区（基地）建设情况

四川一批航空产业园区（基地）正加快建设并初具规模，中航工业成飞民机产业园、成都空天产业基地、九洲空管系统科研生产基地、长虹电源新产业园等相继建成投产，绵阳航空发动机基地、中国电科航空电子产业园、无人机综合集成基地、航空电子产业园、国产民机示范产业园、川南通用航空产业园、川大智胜研发基地项目等正加快建设，通用航空产业园、公务机产业园、成都航空维修基地等建设工作稳步推进。

（二）重大项目进展情况

2014 年，四川航空工业在建、拟建重点项目 22 个，其中新开工项目 6 个，涉及 18 家单位，总投资 87.5 亿元，完成固定资产投资 43.2 亿元。

中航成都飞机公司喷气式公务机项目。中航工业成飞、中航工业沈飞、中航工业洪都、中航国际航空发展公司和成都工投集团合资组建“中航工业公务机发展有限公司”，作为中航工业中大型喷气式公务机产业发展平台。目前正向工业和信息化部申报“高端公务机前期研究”立项工作，向中航工业集团申报“新型喷气式公务机工程与发展研究”。

中国电科民用航空电子产业园。总投资 20 亿元，已累计完成投资 12.33 亿元，产业园一期工程已基本完工，预计 2015 年完成二期工程建设。

中国电科民机客舱系统研发及产业化项目。总投资 3 亿元，已启动客舱核心系统集成联试，启动支线客机娱乐系统自主平台研制，启动空地系统研制。

川大智胜国产军民 D 级全动飞行模拟机项目。总投资 2.5 亿元，已启动模拟机样机及测试验证平台搭建。

中国电科特种通用飞机及无人机系统研发生产基地项目。拟建成特种通用飞机及中高空多功能无人机项目，形成年产特种通用飞机和无人机 30 架以上的生产能力。总投资 4 亿元，其中四川省德阳市政府出资 8000 万元，现已签署合作协议，前期工作已开展。

成都无人机综合集成基地及研发平台。总投资 15 亿元，已完成无人机综合集成基地建设规划（纲要）、办理用地手续并开展与项目有关的前期工作。预计 2015 年上半年开工建设。

商飞四川国产民机示范产业基地。将建成中国商飞客户服务基地、成都航空运营基地，总投资 20 亿元，已完成项目前期准备工作，预计 2015 年 3 月开工建设。

东方汽轮机公司重型燃机自主研发项目。完成了燃机研发压气机、燃烧室试验台等主要试验平台的建设，打破了东汽燃机研发试验平台缺乏的瓶颈。完成了 50MW 燃机后端压气机试验件制造和总装，计划 2015 年开展压气机试验件试验、燃烧器制造总装、燃烧器常压冷态试验等，2016 年完成机组生产制造及总装。

七、行业管理主要工作

四川省委、省政府将航空产业列为五大高端成长型产业之一，并将航空产业作为促进四川科技进步和产业升级，抢占高端成长型产业发展先机的重要依靠力量。四川省国防科学技术工业办公室作为四川省推进航空与燃气产业发展领导小组副组长单位和航空产业发展的主管部门，积极发挥四川航空产业军工优势，促进“以军带民”，加强统筹管理、突出规划引领、强化项目支撑、推动科技创新、推动开放合作、加强资金支持，推动了四川省航空产业快速发展。

一是加强规划引领。积极推动落实《四川省航空产业发展规划》和《四川省“十二五”

军民结合产业发展规划》，实施一系列航空产业领域的重大工程，在巩固、提升军机研发制造体系的基础上，积极培育发展民用航空整机、航空发动机、航电系统及相关配套产业，努力提升四川航空维修及运营服务能力，优化航空产业结构和产业布局，加快航空基础设施建设。

二是突出项目支撑。积极争取C919大型飞机、ARJ-21支线飞机、CJ-1000商用发动机等重大项目落户四川，加快推动高端公务机项目等重大项目引进，推动成都民机产业园、绵阳航空动力基地、航空电子产业园、特种通用飞机产业化项目、自贡—捷克通航产业化项目等加快实施。

三是完善创新体系。不断健全和完善全省航空科研体系建设，支持航空骨干企业、科研院所、大专院校联合建立技术创新联盟和产学研联盟，打造四川省商用无人机产业联盟，建立政府主导的协同创新平台和专业化管理、市场化运作的成果转化平台。

四是推动改革发展。积极推动航空产业领域“军转民”“民参军”，通过建立专业信息发布平台、完善服务协调保障机制、简化准入审批程序、规范落实军品免征增值税等措施，引导更多优势民品企业进入军用航空领域。

五是加强要素保障。进一步加强对航空产业领域重大项目的协调保障，将重大航空项目纳入“绿色通道”保障范畴，加强现场跟踪服务和协调督办力度，优先做好土地、能源、交通等要素保障。加强省级财政资金对航空产业的支持力度，2014年省级军民结合产业发展专项资金向航空领域倾斜，支持金额达4350亿元，占年度资金总额的54.3%。

六是完善配套条件。协调省发改委、民航局等部门，加强通用航空机场和临时起降点建设，逐步形成功能明确、布局合理、结构完善、设施设备配套齐全的通用航空机场网络。积极与国家航空主管部门及军方、中国民用航空局的协调沟通，落实国家低空空域开放有关政策，争取扩大四川低空空域开放试点。

七是强化人才支撑。积极推动建立四川省航空高端人才和实用人才库，着力培养急需、紧缺的航空专业人才，在关键技术领域形成以领军人才为核心的创新团队；对为航空工业领域做出重大贡献的各类人才，按照国家和省有关规定加大表彰奖励力度。

八是四川省成立商用无人机产业联盟。2014年6月24日，由中航工业成都飞机设计研究所与四川汉科计算机信息公司牵头组建的四川省商用无人机产业联盟在成都成立，成员单位包括电子科技大学航天院，中国电子科技集团公司第10研究所、第29研究所等。联盟以“军民融合、创新发展”为宗旨，将联合高校、科研院校及相关企业，整合全领域资源，致力于探索无人机“民用化”途径、研制无人机通用化平台及商业模式，逐步建立无人机运营基地和产业基地，打造集无人机研制、人才培养、市场运营于一体的完整无人机产业链，联盟还将制定中国民用无人机相关产业标准，进一步实现与欧美发达国家同步化发展。

（四川省国防科学技术工业办公室）

贵州省

一、本地区基本情况

贵州省民用航空工业的发展以中航工业在黔企业为重点，航天十院、中电振华集团和民营企业也积极参与相关配套工作。2014 年，全省参与民用航空生产及配套的企业有 54 家，资产总额 558 亿元。其中，中航工业在黔企业 22 家，航天十院 14 家，中电振华集团 14 家，民营企业 4 家，职工 6.7 万人。贵州省重点建设的航空产业园区（基地）有 3 个，分别是安顺民用航空产业国家高技术产业基地、中航工业贵阳产业基地、中航工业军民结合高新技术产业园。

二、生产经营情况

2014 年，贵州省民用航空工业完成工业总产值 252 亿元，工业增加值 63.5 亿元，增速为 10.3%。

三、主要产品

（一）民用飞机

民用无人机和教练机。现有产品主要有“鹞鹰”系列民用无人机和“山鹰”系列教练机。

（二）航空发动机

航空发动机主要以中小推力航空发动机的研制和生产为主，重点服务于高级教练机、高端无人机等。同时配套叶片、盘轴、机匣、喷口等航空发动机零部件，承担航空发动机修理工作。

（三）航空设备及系统

主要有燃油泵、燃油调节器，为飞机、发动机配套的液压泵、火箭发射器、二次电源、继电器、开关、接插件、电动机构、电磁阀等产品。

（四）其他民用航空产品

在航空锻件、铸件、标准件、橡胶件等方面具有优势，参与 C919 大型客机、ARJ21 新支线飞机等国内民用飞机配套标准件、航空铸锻件等产品的研制。

四、产品开发与技术进步

2014 年，中航工业贵州飞机有限责任公司（简称中航工业贵飞）的“山鹰”高级教练机项目荣获国家科技进步二等奖，多架份改进型等飞机的科目试飞任务顺利完成；国家确定的 863 计划重大专项 R0110 重型燃气轮机研制与调试，顺利通过了专家组验收；贵州西南工具集团公司牵头申报的“航空发动机机匣加工国产化成套刀具产品开发及应用”获得“高档数控技术及基础制造装备”国家科技重大专项立项支持，中航工业贵州黎阳航空发动机公司也在积极申报“国产高档数控系统、数控机床在航空发动机典型零部件制造生产线的示范应用”项目；贵州安吉航空精密铸造有限责任公司获得工业和信息化部铸造行业准入公告。

在为国产商用飞机配套方面，贵州省已有 23 家企业成为中国商飞公司潜在供应商，12 家企业成为参与 C919、ARJ21 配套产品研制和生产的企业，6 家企业成为中国商飞公司合格供应商，主要配套产品包括标准件和元器件、铸锻件和零组件、部件和分系统产品。航宇科技、中电振华、力源液压、华阳电工等企业，通过为省内或国内合格供应商贴牌生产等形式参与我国商用飞机的配套，并同步开展适航审查等资质取证工作，打造企业自有品牌，多项产品取得了中国民用航空局颁发的适航认证证书，通过了 AS9100 航空基础质量体系标准审核认证，取得了热处理、表面处理、无损检测等特种工艺的美国国家航空航天和国防合同方授信项目（Nadcap）认证。

五、对外贸易与合作

2014 年，贵州省民用航空工业企业继续加强对外贸易和合作，尤其是在航空零部件转包生产方面。贵州省现在有7家企业从事航空零部件转包生产，在飞机结构件数控加工方面为波音公司、空中客车公司等配套，在发动机叶片、盘、轴加工等方面为通用电气公司、罗罗公司、斯奈克玛公司配套，向古德里奇公司、霍尼韦尔公司提供滑阀、活塞、电磁阀等产品，是这些航空产品制造商的合格供应商。

六、重大基础设施建设

（一）安顺民用航空产业国家高技术产业基地建设

该基地重点发展无人机、教练机、轻小型通用飞机等整机，推进航空装备生产、维修和试训一体化。2014年，贵州飞机公司教练机重点技术工程实验室、民用无人机重大技术研发建设、民用无人机产业化（一期）等项目已建成。中航工业风雷公司正在实施整体搬迁进入产业基地项目。

（二）中航工业贵阳产业基地建设

产业基地发展目标是建设航空发动机整机、零部件研制生产及维修产业基地。目前，黎阳航空动力公司发动机项目已完成了精铸子公司机加生产线、燃烧部件分厂涡喷区及试验区机加部分、焊接热处理区、机匣分厂和结构件分厂的搬迁，锻造叶片机加、叶片锻造、工具、通用加工中心等区域全部开工建设；凯阳航空发动机修理项目已投产。

（三）中航工业军民结合高新技术产业园建设

2014年，贵州红林机械厂军民结合高新技术产业项目和贵州西南工具公司的航空航天难加工材料数控刀具生产线技术改造项目正在抓紧建设；贵州西南工具公司等4家单位联合申报的航空发动机机匣加工国产化成套刀具产品开发及应用项目获得“高档数控机床及基础制造装备”国家重大专项立项支持，正在抓紧实施。

七、行业管理主要工作

一是出台《贵州省推动军民融合发展改革实施方案》和《关于大力推进贵阳市军民融合深度发展的实施意见》等指导性文件，大力支持民用航空等军民结合产业的发展。

二是通过重大项目牵引，积极引导企业实施结构调整、技改扩能项目建设；通过“以奖代补”措施对省内民用航空重点装备及产品做大增量、扩大本地配套及首台套重大技术装备推广应用等进行奖励。

三是结合“百千万”工程和“双服务”大行动，切实帮助黎阳航空发动机公司等企业协调解决航油输送、航改燃项目研发及产业化和示范应用等问题。

四是成功举办生态文明贵阳国际论坛“创意经济与绿色航空”分论坛，邀请国内外重要嘉宾50余人，参加分论坛的政府官员、企业家、学者超过150人，中央电视台、新华社、人民网、大公报、新浪网等30余家知名媒体参与报导，网易还进行网络直播，赢得了较高的社会关注。

五是组织民用航空企业积极参加2014年上海工业博览会、中国西部国际装备制造业博览会（简称西安制博会）、重庆渝洽会以及贵州装备制造业博览会，加大招商引资力度，充分利用各种平台帮助贵州省企业扩大知名度和拓展市场；召开首届“贵州省军民融合发展推介会”，签约项目22个，签约总额22亿元。

（贵州省经济和信息化委员会）

云南省

一、本地区基本情况

云南省是民用航空大省，但是民用航空工业基础却较为薄弱，现仅有昆明电缆集团航安线缆有限公司生产民用航空导线和耐高温导线产品，企业在职员工 38 人，其中高级工程师 2 名、高级技师 2 人、技师 2 人。

二、生产经营情况

2014 年，昆明电缆集团航安线缆有限公司航空导线和耐高温导线产品实现营业收入 90 万元。

三、产品开发与技术进步

昆明电缆集团航安线缆有限公司自 2013 年成立后，在做精军品基础上，按照“把特缆做特”的思路，加强市场开拓，研发各类新型民用航空导线产品。

四、重大基础设施建设

2013 年 12 月 4 日，临沧工业园区与浙江省天地行控股集团有限公司就临沧通用航空产业链项目达成合作意向，签订项目框架协议。目前，直升机总装项目规划方案初步完成编制，项目区土地认定面积 434.4 亩，已取得省级相关部门批复，同意开展直升机总装生产建设项目的前期工作。直升机总装生产建设项目预计分两期建设。其中一期规划占地面积 135 亩，建设 3 条总装流水线；二期计划扩建直升机的研发、零部件生产和直升机总装流水线。

弥勒浩翔科技有限公司在弥勒工业园区征地 85 亩，投资 5000 万元，新建 10000 米^{2}厂房，公司自主研发的 DL－2L 双人座轻型运动型飞机通过民航西南管理局审查。公司计划进一步加大投资，引进设备，发展适合国内市场的轻型运动型飞机及发动机产品。

五、行业管理主要工作

为加快推进云南省通用航空产业发展，省级相关部门加强工作协调，加快研究出台“十三五”云南省通用机场发展规划，积极引进国内外先进制造企业及通用飞机运营企业，大力支持相关工业园区及重点项目建设，推动云南省通用航空产业加速发展。

（云南省工业和信息化委员会）

陕西省

一、本地区基本情况

陕西省是我国航空工业重要基地，经过60多年的建设和发展，已形成集飞机设计制造、试验试飞、产品支援、综合服务保障及教学培训为一体的较为完整的航空工业体系，综合实力居全国前列。现有中航工业企业21家（其中上市企业3家）和科研院所5家，从业人员12万余人，省内为航空工业进行专业化配套的机械、电子、化工企事业单位有200多家。

主要企事业单位有：中航工业第一飞机设计研究院、中航工业西安飞机工业（集团）有限责任公司（简称中航工业西飞）、中航工业陕西飞机工业（集团）有限公司（简称中航工业陕飞）等飞机总体设计与总装制造单位；西安航空发动机（集团）有限公司、西安航空动力控制有限责任公司等航空发动机整机及附件研发制造单位；中国飞机强度研究所、中国飞行试验研究院（简称中航工业试飞中心）等试验、试飞单位；中航工业飞行自动控制研究所、西安航空计算技术研究所、庆安集团有限公司（简称中航工业庆安）、陕西航空电气有限责任公司、西安航空制动科技有限公司、陕西宝成航空仪表有限责任公司（简称中航工业宝成）、陕西宏远航空锻造有限责任公司、中航起落架公司燎原分公司、中航电测仪器股份有限公司、陕西千山航空电子有限责任公司、陕西宏峰精密机械工具公司、国营长空精密机械制造公司、陕西华燕航空仪表有限公司、国营东方仪器厂、陕西航空硬质合金工具有限公司、汉中群峰机械制造有限公司等机载设备系统及部件研制单位；陕西凌云电器有限公司、陕西烽火电子股份有限公司、陕西长岭电子科技有限责任公司、西安航空电子科技有限公司、宝钛集团有限公司、西北有色金属研究院、西部超导材料科技有限公司、西工大超晶科技发展有限公司、西部材料有限公司、西安微电机研究所、西安超码科技有限公司、陕西延长石油西北橡胶有限责任公司、西北橡胶塑料研究设计院、汉中一零一航空电子设备有限公司、陕西秦峰液压有限公司、西安三角航空科技有限公司、西安晨曦航空科技有限公司、西安蓝天仿真科技有限公司、西安燎原液压有限责任公司、汉中朝阳机械有限责任公司、汉中华泰机械制造公司、陕西天达航空标准件公司、宝鸡市航宇光电显示技术开发有限责任公司、宝鸡北方科技照明电器有限公司、西安四方超轻材料有限公司、陕西华通机电制造有限公司、西部钛业有限公司、西安康铖机械制造有限公司、西安高科理化技术有限公司、西安康本材料有限公司、西安鑫垚陶瓷复合材料有限公司、西安飞鹰亚太航空模拟设备有限公司、西安恒锵航空科技公司、陕西金宇航空有限公司、西安艾威科技有限公司、凯旋威航空工业（西安）有限公司等200多家航空配套企事业单位。

二、生产经营情况

2014年陕西航空产业实现总收入超过630亿元。

三、主要产品

（一）民用飞机

“新舟”系列飞机。2014年交付“新舟”60飞机11架。“新舟”60飞机累计确认和意向国内外订单270余架，共交付近百架。

运8系列民用飞机。运8F系列民用货机成功研制，并取得CAAC型号合格证。

（二）航空发动机及燃油控制系统

航空发动机及零部件转包产品涉及发动机压气机、燃烧室、涡轮、机匣等关键部件。航空发动机控制系统包括液压、燃油、空气控制系统等航空发动机燃油控制附件，以及近40种发动机控制系统附件的预研、研制、生产与修理。

（三）航空设备及系统

航空机轮及刹车系统产品（包括机轮、液压、电子、操纵附件等）、大中型镁铸件研制生产，刹车盘PMA件制造及维修业务等，以及波音757－200型飞机和空客A320系列飞机碳刹车盘、碳/碳热场材料、碳/陶产品等。

（四）航空新材料

钛材、锆材等；碳纤维、织物、预制体、预浸料及复合材料制品；轻质高强度镁锂合金材料。

（五）其他民用航空产品

飞机训练模拟器和工程模拟器、机场助航设备、通用航空产品、空港培训设备、飞机地面保障设备、登机桥整体调平自动装置、智能旅客登机桥、电动式钢结构机库大门和柔性堆积式机库大门、飞机照明光源、车载式助航灯具光强检测仪、无线电高度表、多普勒雷达、气象雷达、飞机除冰/防冰液和机场道面除冰/防冰液、导光控显面板等。

四、产品开发与技术进步

（一）民用飞机及部件

“新舟”系列民用飞机。“新舟”60人工增雨机实现首飞。“新舟”600系列飞机疲劳试验顺利完成年度试验目标，满足了适航要求。“新舟”700飞机已完成新一轮总体技术方案的发布，基本完成供应商选择，各项研制工作正在按计划稳步推进。“新舟”系列飞机生产应用ERP系统，装配作业计划细化并上线运行。中航工业西飞大力推进AOS（中航工业运营管理体系）试点工作，21个试点项目取得初步成效，提升了航空产品制造智能化水平。

C919大型客机。中航工业西飞承担的翼身组合体完成总装并交付验收，成功交付首架机中机身中央翼、副翼部件，首架机外翼翼盒部件总装顺利下架。中航工业西飞获中国商飞“2014年度优秀供应商金奖”。庆安集团有限公司与美国穆格公司以项目合作方式共同提供飞机高升力系统。2014年完成了支撑轴承、扭力管、万向节铁鸟件交付；完成了主飞控系统假件12项作动器和配套控制系统方案设计。中航工业宝成研制成功C919飞机应急撤离系统，机载客舱娱乐系统在珠海航展上成功参展。陕西宏远航空锻造有限责任公司承担的研制批项目全面完成。中国飞机强度研究所承担飞机全机静力、疲劳、地面共振及零部件适航符合性试验，2014年完成3个翼身组合体试验项目及机翼刚度试验。上海C919大型客机全机静力/疲劳实验室成功封顶，为确保全机静力试验提供了保障。宝钛集团有限公司承担飞机用钛合金板材、管材等材料研制，部分板材已批量交付。西安三角航空科技有限公司飞机起落架锻件、发动机吊挂接头锻件产品已按要求交付。

ARJ21－700新支线飞机。中航工业西飞生产交付ARJ21飞机3架份。中国飞机强度研究所陆续完成了襟翼子翼疲劳试验、钛合金壁板声疲劳试验、翼梢小翼疲劳试验和外翼壁板损伤容限试验等。中航工业宝成承担机载娱乐系统研制，实现为ARJ21飞机国产机载唯一配置并完成交付。陕西宏远航空锻造有限责任公司承担17项飞机项目锻件研制且顺利交付。国营长空精密机械制造公司承担飞机前缘锋翼齿轮齿条组件研制生产，是国内唯一供应商。中航工业试飞中心北美自然结冰试飞取得成功，实现了环球飞行，圆满完成适航审定所有科目试飞，获中国民用航空局颁发的“型号合格证”，标志着ARJ21－700支线飞机得到安全认可和市场准入资格。

（二）航空发动机

西安航空发动机（集团）有限公司通过外贸转包生产，建立了包括机械加工、特种工艺、质量要求以及材料标准在内的全面的技术质量标准体系，获得航空发动机制造工艺、产品检验、特种工艺控制等方面的技术标准达4000余项，其中近3000项被装备生产采用和借鉴。

西安航空动力控制有限责任公司2014年共完成136项新品试制，顺利通过客户验收。与美国霍尼韦尔公司联合研发的商用发动机滑油泵项目完成了样机阶段研制和设计验证试验，通过了霍尼韦尔公司组织的核心部件详细设计评审。

（三）刹车及机轮装置

西安航空制动科技有限公司取得“新舟”700项目机轮刹车控制系统供应商配套资格。

民航11项PMA件完成适航认证工作。转包21个项目通过认可并进入批量供货。

（四）航空锻件

陕西宏远航空锻造有限责任公司通过技术改造、工艺优化等手段全年累计节材210万元，开展各类课题研究33项，提升了公司技术水平。

（五）航空机载设备及系统

陕西航空电气有限责任公司与中航飞机股份有限公司（简称中航飞机）签订“新舟”700飞机项目合作意向书，成为“新舟”700飞机一级配电系统供应商。

中航工业宝成完成了飞行环境监测系统样机研制，后续将开展试飞、适航认证等工作。

陕西烽火宏声科技有限责任公司围绕舱内噪声有源控制系统、无线音视频通信系统、直升机搜救救援等开展新产品研制，完成了航天语音处理装置的研制，在航天领域的产品应用实现了零的突破。2014年公司12项新产品通过了各级技术鉴定。拥有1项发明专利授权，14项实用新型专利授权和3项外观设计专利授权，另有2项发明专利通过受理登记。

陕西凌云电器有限公司建立了“民用航空导航产品研发中心”，针对各型民用飞机的要求，重点研发数字化小型、高可靠无线电罗盘、测距器和仪表着陆/伏尔/信标组合设备等产品；根据航电综合化发展趋势，研发民用飞机ICNI系统无线电罗盘、仪表着陆和测距器等导航模块和功能软件。

五、对外贸易与合作

2014年全省航空企事业单位共完成出口产值37.41亿元，同比增长4.89%。

中航工业西飞全年国际转包生产交付16个项目1823架份，完成出口交付额3.5亿美元，创历史新高，连续两年获波音公司优秀供应商银奖；波音737垂尾项目获得波音公司产品质量授权，标志着中航工业西飞项目质量管理综合能力达到国际先进水平。

西安航空发动机（集团）有限公司外贸转包生产完成2.8亿美元，同比增长4.7%。11月13日，中航工业西航举办向加拿大普惠公司交付第15000个PT6涡轮盘仪式。它与普惠公司的合作始于1981年，从最初的5个小零件生产扩展到现在的170多个零件制造，累计交付额超过1亿美元，获得普惠公司“10万个零件无任何未申报超差特别奖”和“最具质量实力贡献奖”。

中航工业陕飞2014年完成飞机零部件转包生产交付额244.78万美元。累计交付金额约1030万美元，交付额逐年递增。

中航工业庆安主要为波音公司、空中客车公司和庞巴迪公司生产飞机液压、飞控、电源、机轮刹车、发动机控制零部件和起落架收放等系统使用的各种液压作动器和齿轮作动器零件、组件和完整产品，2014年交付生产零组件504项16.5万余件，实现收入1203万美元，同比增长11.1%。

西安航空动力控制科技公司主要为美国霍尼韦尔公司、汉胜公司等转包生产碟类、齿轮类、阀门类、壳体类、套类等航空系统零部件，2014年争取新品项目127项，正在积极推进与美国穆格公司、伍德沃德公司的合作。2014年实现出口额6200万元。

陕西宏远航空锻造有限责任公司主要为波音公司、空中客车公司、古德里奇公司、米歇尔·道蒂公司等配套生产航空锻铸件毛坯。2014年实现出口交付额7200万元。

陕西航空电气有限责任公司通过一系列管理手段改进转包生产业务，实现了由零件转包向组件转包的迈进，转包生产收入突破百万目标。

中航工业西安飞行自动控制研究所与美国霍尼韦尔公司、派克公司合资成立的西安鸿翔飞控技术有限公司、鹏翔飞控作动系统（西安）有限公司已转入正式运营阶段。

六、重大基础设施建设

（一）航空产业基地园区建设

西安阎良国家航空高技术产业基地。累计注册企业600余家，已基本完成一期8千米^{2}的开发建设，二期23千米^{2}的开发建设已全面展开，初步形成了一个产业特色明显、配套条件完善、集群效应凸显的航空产业聚集区。2014年实现工业总产值334亿元，固定资产投资261亿元，进出口总额2.3亿美元。“新舟”700飞机研发制造项目进展顺利，建设了公用型保税仓库，规划了航空产业综合保税区；投资20亿元的轨道交通项目已在基地成功注册；4万吨大型航空模锻液压机成功投产，基地装备制造能力大幅提升；总投资40亿元的航空大世界项目已启动建设，主要投资建设航空博物馆、航空主题公园、会展中心、航空创意工厂、旅游度假区、城市配套商业、酒店等，打造以航空科技为依托，以航空文化为主线的航空旅游文化示范基地。

汉中航空智慧新城。2013年9月，陕西省政府和中国航空工业集团公司提出按照"企地共建、市场运作；整体规划、分步实施；项目牵引、企业经营；着眼长远、滚动发展"的原则，共同建设汉中航空智慧新城。新城规划总面积27.8千米^2。截至2014年年底，汉中航空智慧新城内主要道路、供水厂、污水处理厂等重点基础设施项目已启动建设，航空部件、航空零组件、航空工艺装备、飞机维修改装、航空旅游等项目前期工作进展顺利。

渭南蒲城通用航空产业园。园区规划占地20千米^2，主要从事飞机制造、装备、试飞，及零部件加工、维修，同时建设航空培训学校、航空俱乐部等，建成后将成为以生产、研发、教育、休闲娱乐为一体的国际现代化通用航空产业园区。该产业园是中国民用航空局批复建设的通用航空试点园区。精工通航、中联航空、中澳通用飞机、海飞特直升机、西捷飞机、中飞航空俱乐部、凤凰国际飞行学院等一批通用航空产业项目正在逐步成长壮大。2009年、2011年、2013年三届"中国国际通用航空大会"已在通用航空产业园成功举办，获批为"中国国际通用航空大会"的永久会址。通航产业发展的"西安模式"逐渐被业界认可，对于全国通航产业发展的示范带动效应日益显现。

西咸新区空港新城。依托陕西航空产业优势，形成航空维修、航材供应、航空零部件制造检测、航空培训等较为齐全的航空产业链，打造国内领先和知名的航空产业维修、生产基地。2014年5月，空港新城被中国民用航空局批复为西安国家航空城试验区，是我国首家以发展航空城为定位的国家级临空经济区。2014年10月，国家海关总署、财政部等四部委联合批复设立西咸空港保税物流中心。东航新机库项目（总投资4.5亿元）已建成使用，将大幅提升西安咸阳国际机场整体飞机维修和保障能力。厚亿航空环保材料生产、康倍航空部附件维修、蓝太飞机碳/碳刹车盘、新泰航空部附件维修等多个临空产业项目进展顺利。

（二）重点项目建设

陕西宏远航空锻造有限责任公司西安基地建设项目（总投资约20亿元）计划分四期完成，等温锻（一期）建设项目已全面完工，已进入批产阶段。

中航工业陕飞航空标准件生产项目（投资额1.2亿元），拟新建厂房8000米^2，新增标准件制造检测等设备100余台套，建设一条标准件生产线、检测线，打造以航空标准件生产为主、同时生产其他行业标准件的生产基地。

陕西长空精密机械制造公司支线飞机前缘缝翼齿轮齿条组件及航空转包生产线建设项目完成投资3900万元，购置设备20台套，形成年产支线飞机前缘缝翼齿轮齿条组件100余架份和航空转包生产件10万架份能力。

西航集团莱特航空制造技术公司扩大外贸转包生产能力建设项目，总投资7800万元，完成航空发动机盘类、环类、复杂结构件、机匣类和其他零件生产线的改扩建工作，已全部形成批产条件。

西部钛业有限公司钛合金宽幅薄板生产线技术改造项目，累计完成投资9100万元，完成了冷轧机组改造，新增设备8台套，解决了组织性能均匀性控制、板型及表面控制等产业化瓶颈技术，形成了多种宽幅钛及钛合金薄板批量生产能力。

西工大超晶科技发展有限公司航空航天高品质特种钛合金材料及其制品产业化生产线建设项目完成投资8000万元，突破了国内钛合金结构件成形技术瓶颈，提升了钛合金材料及制品组织性能稳定性，形成高品质钛合金材料与制品批产能力。

西安三角航空科技有限公司航空航天大型部件锻压成形产业化项目完成投资3.57亿元，购置设备110台套，完成了航空大型部件锻压成形工艺技术研究，形成了稳定的大型模锻件批生产能力。

西安四方超轻材料有限公司轻质高强度镁锂合金材料生产线扩容建设项目完成投资 5100 万元，新建厂房 4000 米^2，购置生产设备 26 台套，建成年产 500 吨镁锂合金材料熔炼和零部件加工生产线。

七、行业管理主要工作

（一）贯彻落实《国家中长期航空工业发展规划（2013—2020 年）》

结合全省航空工业发展实际，陕西省出台了《关于贯彻实施 <国家中长期航空工业发展规划（2013—2020 年）>的实施方案》，提出了《陕西省航空产业“十三五”发展规划（提纲）》和《陕西航空航天产业 2015—2017 年发展思路》。

（二）组建陕西航空产业发展集团有限公司

由省能源集团、省金融控股集团和西安市政府共同出资建立全省航空产业发展投融资平台陕西航空产业发展集团有限公司。2014 年 6 月 16 日公司挂牌成立，注册资本 30 亿元，公司定位为航空产业战略性投资、开展重大航空产业项目建设和运营为主，打造国有资本运作平台、航空产业投资平台和市场化融资平台。

（三）推进“新舟”700 飞机项目建设

为加快推进“新舟”700 飞机项目在陕发展，2014 年 7 月，陕西航空产业发展集团有限公司与中航飞机股份公司就“新舟”700 飞机项目公司组建进行沟通和商谈，决定设立中航飞机西安民机有限责任公司（即“新舟”700 飞机公司），公司注册资本 32 亿元。2014 年 11 月 11 日，在珠海航展上陕西航空产业发展集团与中航工业各相关股东共同签订了中航飞机西安民机有限责任公司《出资协议书》，确定首期注册资本 19 亿元。

（四）推动航空产业基地园区建设

一是西安市阎良区和航空基地编制了《建设阎良航空新城三年行动计划纲要（2014—2016）》，计划用三年时间完成 16 个涉及航空基地交通、产业发展、生态提升、民生保障等方面的重大项目建设。

二是省政府出台《关于支持汉中航空智慧新城建设的意见》。汉中市政府对《汉中航空智慧新城总体规划》和《汉中航空智慧新城产业发展规划》做了进一步的修改完善，2014 年 11 月开始控制性详规的编制，对重要区域和节点开展了修建性详规的编制。

（五）支持国家民机试飞基地项目建设

渭南市政府和项目单位就规划对接、基础设施配套等问题达成共识，对需明确的事项进行了梳理和具体协商。

（六）促进经济技术交流与合作

开展了“深化军民融合发展，走进兵器产业基地”专题活动，加强了航空、航天、兵器及民口配套各行业间的交流合作；举办了第十二届中国欧亚国际军民结合技术产业博览会，10 余家航空及配套单位参展；组织陕西省 10 余家航空及配套单位参加贵州省军民两用技术成果推介暨项目西安招商会。

（陕西省国防科技工业办公室）

甘肃省

一、本地区基本情况

2014 年，甘肃省主要有 4 家航空工业企业，分别是中航工业万里机电有限责任公司、中航工业兰州飞行控制有限责任公司、中航天水飞机工业有限责任公司和兰州神龙航空科技有限公司（简称神龙航空）。其中，前 3 家公司隶属于中国航空工业集团公司，甘肃省仅有一家民用航空工业企业——神龙航空。纳入中国民用航空工业统计的企业有 1 家。

二、生产经营情况

2014 年，甘肃省民用航空工业企业实现工业总产值 4632 万元（此处只统计神龙航空，不含中航工业下属企业），比 2013 年增长了 10%；实现利润 161 万元，比 2013 年增长了 5.2%。主要力量全部投入新产品的研发及轻型载人飞机制造技术的引进。

三、主要产品

（一）飞行器系列

SLA－GH26、SLA－GH52、SLA－GH111、SLA－GH170、SLA－GH190、SLA－GH500、SLA－EH26 旋翼式无人机，SLA－EM6×0.75、SLA－EM8×0.75 多轴飞行器，SLA－30、SLA－50、SLA－60、SLA－90 航模运动旋翼式无人机，SLA－521－I 型软翼飞行器。

（二）航空发动机

SLA52CC 双缸对置活塞发动机

（三）航空配套产品

SLA 两轴云台、SLA 起落架联动两轴云台，SLA 三轴云台、SLA 起落架联动三轴云台，SLA 两轴托板云台，SLA 质子磁力仪抗干扰挂载云台，SLA 防凌破冰炸药自动投放引爆系统，SLA 农药植保施药系统，SLA 生命探测仪挂载云台，SLA 警用高空视频音频传输系统。

（四）航空维修改装及服务

航空维修主要发展工程类 SLA－GH260、SLA－GH520、SLA－GH111、SLA－GH170、SLA－GH500、SLA－521－I 型软翼飞行器、SLA－EM6×0.75 多轴飞行器、SLA－EM8×0.75 多轴飞行器等机型的维修、托管、人员培训、作业承包等服务。

四、产品开发与技术进步

（一）新产品开发情况

新产品的开发主要围绕旋翼式无人直升机工程化应用开展研发，现已生产开发出 SLA－GH260、SLA－GH520、SLA－GH111、SLA－GH170、SLA－GH500 等多种机型，分别达到了 5kg、8kg、10kg、15kg、20kg、30kg 等不同量级任务载荷的油动和无人直升机，其中 SLA－GH260、SLA－GH520 还开发出了节能电动力无人直升机。尤其是自主研发的 SLA52CC 双缸对置活塞汽油发动机，实现了无人直升机发动机的国产化，现已定型并实现量产，动力系统具备了长寿命、低油耗、高推重比的要求。

工程化商用无人机已被广泛应用于航空拍摄、洪涝灾情调查、森林火情监测、消防侦察、地震灾情调查、边境巡视、地质勘察、环境监测、城镇规划、农作物灾情调查、防治及估产等多个领域，参与过中南矿业公司、中科院兰州寒旱所、甘肃地矿研究院、国家科技部黄河凌汛爆破等项目无人机飞行作业，效果显著，已被列为国家“十二五”科技支撑计划、国家公共安全应急装备关键技术研究与装备研制项目任务单位。

（二）创新技术转化情况

由神龙航空自主设计研发的“SLA－GH52 型工程型多用途旋翼式无人驾驶飞行器”于 2014 年 10 月被科学技术部、环境保护部、商务部、国家质量监督检验检疫总局列为国家重点新产品。

五、对外贸易与合作

神龙航空现已引进德国轻型飞机制造技术，及C42固定翼式轻型载人飞机、K－10轻型飞机、卡度士（Calidus）旋翼式轻型载人飞机和AK1－3轻型直升机，为下一步开展的通用航空产业奠定了坚实基础，适时、有序地推进和深化低空空域管理改革，充分开发利用低空空域资源，促进通用航空事业、航空制造业和综合交通运输体系的发展。

六、行业管理主要工作

2013年在甘肃省工业和信息化委员会的支持下，由兰州神龙航空科技有限公司牵头，长风集团科技公司、中航万里航空机电有限责任公司、中航兰州飞行控制有限责任公司、兰州交通大学、甘肃虹光电子有限责任公司、兰州陇星热能集团7家企业和学院倡导，发起成立了“甘肃省民用轻型飞机和无人机产业联盟”。“产业联盟”是一个旨在为联盟成员及民用轻型飞机和无人机产业领域相关团体和个人提供信息服务、促进甘肃省民用轻型飞机和无人机产业发展的社会公益性组织。

（甘肃省工业和信息化委员会）

第三部分

企业发展概况

中国航空工业集团公司

一、公司基本情况

中国航空工业集团公司（简称中航工业）是由中央管理的国有大型企业，是国家授权投资的机构，2008 年 11 月 6 日由原中国航空工业第一集团公司、中国航空工业第二集团公司重组整合而成。中航工业实行母子公司和事业部管理体制，设有航空装备、飞机、发动机、直升机、机载设备与系统、通用飞机、航空研究、飞行试验、贸易物流、资产管理、工程规划建设、汽车等产业板块，下辖近 140 多家成员单位，有 29 家上市公司，员工约 58 万人。2014 年，中航工业第六次入围《财富》500 强企业，排名为第 178 位。

中航工业将“寓军于民、军民融合”作为重要发展原则，以新理念、新思路、新举措大力发展军民用运输机产业，研制生产“新舟”60、“新舟”600、“新舟”700 系列涡桨支线飞机，运 8 飞机、运 12 飞机等运输类飞机，AC 系列民用直升机等多种机型，是 ARJ21 新支线客机的主要研制者和供应商，是大飞机重大专项的主力军，是空客 A380、A350，波音 787 和庞巴迪 C 系列等国际重大航空项目重要合作伙伴，航空国际转包业务和风险合作实现快速增长。同时，中航工业还大力发展飞机租赁、通用航空、航空运输等服务业务。中航工业当前正在深入推进“新舟”700 涡桨支线飞机、AC352 型先进中型多用途直升机、大型水陆两栖飞机、先进多用途通用飞机、大型客机发动机验证机等多个型号研制，积极实施型号牵引与技术推动相结合的民用飞机科研项目，完善民用飞机技术体系、突破瓶颈技术和关键技术、注重成果转化和加快技术成熟，为型号研制提供技术支撑，大力开拓民用飞机维修、运营、客户支援与服务等业务领域，致力于打造民用航空产业链，实现跨越式发展。

二、生产经营情况

2014 年，中航工业实现经营收入 3863. 83 亿元，同比增长 10. 5%，实现利润 143. 27 亿元，同比增长 2. 6%。在民用航空产业方面，民用航空产品销售收入为 190. 75 亿元，同比增长 20. 14%。交付各类民机 103 架，交付国际用户 28 架。

三、主要产品

2014 年中航工业在产在销的主要民机产品有：“新舟”60、“新舟”600 涡桨支线飞机；AC311、AC312、AC313 民用直升机，正在开展 AC352 直升机的市场推广活动；运 12 系列飞机、“小鹰”500、运 5B 通用飞机、A2C 超轻型水上飞机等。

2014 年各型飞机交付和订单情况如下：“新舟”60/600 飞机新增订单 88 架，实现“新舟”60 飞机交付 10 架，累计交付 100 架。目前“新舟”60 系列飞机在 18 个国家和地区的 28 家用户近 260 条航线上运营，累积飞行小时和起落架次接近双 30 万。2014 年 8 月 1 日，幸福航空有限责任公司与中航飞机西安飞机分公司签署了 60 架“新舟”飞机购机合同，成为目前“新舟”飞机在国内外市场获得的最大批量订单。2014 年 8 月 21 日，柬埔寨巴戎航空与中航飞机西安飞机分公司签订购买 20 架“新舟”60 飞机合同，成为“新舟”海外销售历史上第一大单。运 12 系列飞机全年共计交付 9 架，累计交付 178 架。AC311 直升机共交付 5 架，新增订单 4 架；AC312 直升机实现 9 架交付。“小鹰”500 实现销售 13 架。中航工业收购的西锐公司 2014 年交付 308 架飞机。

四、新产品开发

（一）民机型号研制项目

2014 年，中航工业共承担 9 项民机型号研制项目，取得的主要成绩如下。

二机首飞：2014 年 6 月，“新舟”60 人工增雨机实现首飞，转入试飞阶段。AC311A 于 2014 年 8 月实现首飞，9 月进入青藏高原试飞。

AC3X2 先进轻型双发直升机于 2014 年 11 月参加第十届珠海航展，在航展举办的 AC3X2 样机揭幕仪式引起轰动。

此外，中航工业作为 C919 大型客机和 ARJ21 新支线机体结构件的主承制单位开展了大量的工作。在 C919 项目方面，按主制造商计划相继向中国商飞公司交付了机体大部件，相关系统产品生产交付、试验工作进展顺利。在 ARJ21 项目方面，各类试验、试飞、预投产等工作进展顺利，为项目适航取证打下了坚实的基础。

（二）各重点型号研制进展

新型涡桨支线飞机。2014 年，“新舟”700 项目确定了主要系统供应商，签署了动力装置、航电集成等工作包的合作意向书；初步完成了飞机气动力设计、结构总体设计和系统技术方案，冻结了飞机总体技术方案；提交了型号合格申请（TC）；珠海航展上展示了全尺寸客舱样段半剖展示模型的参展工作，与幸福航空有限责任公司和奥凯航空有限公司签署了先锋用户订单，市场营销工作初显成效。

大型灭火/水上救援水陆两栖飞机。完成了机体结构及系统图样发放，完成了部分系统试验件交付及铁鸟、航电试验台建设；向适航审定部门提交了建议审定基础及飞机级审定计划；完成机体结构材料采购及工装制造，零件制造全面开展，实现中机身结构大部件部装下架。

EC175/AC352 型先进多用途中型直升机。2014 年 1 月 30 日，空客直升机公司正式获得 EC175 型直升机 EASA 型号合格证；2014 年 7 月 18 日，中航工业哈飞正式获得了 EASA 颁发的 EC175 型机制造生产组织许可证（POA）。PT02 架机开展总装工作。

运 12F 多用途通用飞机。已基本完成科研试飞、取证试飞、局方试飞的符合性试验验证工作，并完成美国联邦航空局局方试飞工作。

“海鸥”300 轻型水陆两栖飞机。已完成了水上科研试飞补充科目试飞工作，正在进行水上验证试飞准备；完成了 03 架机单机首飞，正在进行陆上科研试飞工作。

农 5B 农林飞机。完成 2 架样机首飞、试飞测试改装、调整试飞，适航试飞已接近尾声。

五、航空零部件转包生产

2014 年，中航工业航空零部件转包生产业务继续保持快速发展。全年转包生产实现收入 14 亿美元，同比增长 8.77%。

民机国际转包生产稳步推进，转包亮点不断。在产品研制方面，中航飞机按计划实现波音 787 钛合金钩环、空客 A320 电源箱等 3 项新品的首件研制交付，哈飞空客复合材料制造中心于 2014 年 12 月顺利交付 A350 升降舵首件。在新项目开发方面，中航工业沈飞民机获波音 777 尾翼壁板和翼尖合同及 Q400 B2B 零组件合同，中航工业成飞民机签署 A320 前登机门合同，中航工业西飞由于在波音项目上的优秀表现，再次荣获“波音公司优秀供应商业绩银奖”。

六、国际经济技术合作

（一）保持重点合作伙伴高层定期对话机制

2014 年，中航工业与空客战略协同会议（SFM）跟进会议在法国图卢兹空中客车公司总部召开，双方就 2013 年 11 月北京战略协同会议纪要中明确的有关问题进行了讨论和协调，并达成了共识。同时保持与波音公司、庞巴迪公司、赛峰公司等已建立的有效的定期沟通机制。

（二）业载系统项目合作取得积极进展

在与空中客车公司、波音公司业载系统（座椅、内饰、机上娱乐系统等）项目合作上取得积极进展：中航工业与空中客车公司在巴黎签署客舱合作备忘录，空中客车公司对中航工业的技术能力和生产能力进行初步评估；中航工业在 2013 年获得波音公司有限资质座椅供应商认证的基础上，已正式启动与波音公司在原型机座椅项目上的合作。

（三）赛斯纳“奖状”560XLS + 喷气式公务机合作生产

中航通飞华南公司与赛斯纳飞机公司合资成立珠海中航赛斯纳飞机有限公司，合作生产赛斯纳“奖状”560XLS+喷气式公务机，达到年产10架的能力。

七、进出口业务

2014年，中航工业签署民机出口合同2项，共3架运12，包括汤加1架运12、刚果（布）2架运12。共完成出口交付飞机6架，包括柬埔寨1架“新舟”60、尼泊尔1架“新舟”60和1架运12、哥伦比亚2架运12、汤加1架运12。

中航工业紧密围绕国家对非区域航空合作项目开展工作。李克强总理于2014年5月初访问非洲期间正式提出了中非航空合作建议。为配合总理出访，在国家统一组织下，中航工业参与了在非盟总部举办的“中国铁路航空专题展”，向总理及非洲国家领导人集中展示了民机产品和服务，取得了良好效果。中航工业先后完成了国家主管部委对非民机合作规划的调研工作，阐明了中航工业“空中坦赞铁路”对非航空合作计划及执行情况，提出了政策支持建议。国家主管部委以“空中坦赞铁路”计划为基础，形成了国家对非区域航空合作工作方案（2015—2020年）并上报国务院。国务院于2014年11月正式批复该工作方案，标志着民机对非合作工作成为国家战略并正式启动。

（中国航空工业集团公司）

中国商用飞机有限责任公司

一、公司基本情况

中国商用飞机有限责任公司（简称中国商飞公司）是经国务院批准成立，由国务院国有资产监督管理委员会、上海国盛（集团）有限公司、中国航空工业集团公司、中国铝业公司、宝钢集团有限公司、中国中化股份有限公司共同出资组建，由国家控股的有限责任公司，是实施国家大型飞机重大专项中大型客机项目的主体，也是统筹干线飞机和支线飞机发展、实现我国民用飞机产业化的主要载体。中国商飞公司 2008 年 5 月 11 日在上海成立，总部设在上海，注册资本 242 亿元，按照现代企业制度组建和运营，实行“主制造商—供应商”发展模式，坚持中国特色，体现技术进步，实施市场化、集成化、产业化、国际化的建设方略，重点加强飞机研发设计、总装制造、市场营销、客户服务、适航取证和供应商管理等能力，全力打造更加安全、经济、舒适、环保的国产民用大型客机。

截至 2014 年年底，中国商飞公司设置 16 个总部职能部门，下辖上海飞机设计研究院（设计研发中心）、上海飞机制造有限公司（总装制造中心）、上海飞机客户服务有限公司（客户服务中心）、北京民用飞机技术研究中心（北研中心）、中国商飞民用飞机试飞中心（试飞中心）、上海航空工业（集团）有限公司（基础能力中心）和上海《大飞机》杂志社有限公司 7 家所属单位，在四川设立地区分公司，在美国设有全资子公司，在北京、法国（巴黎）、美国（洛杉矶）设立 3 个派驻办事机构，在上海设立金融服务中心，控股成都航空公司，参股浦银租赁公司，与伊顿公司合资成立了伊飞公司，与拉比纳公司合资成立了赛飞公司，从业人员 9622 人。

中国商飞公司的主营业务是：主要从事民用飞机及相关产品的设计、研制、生产、改装、试飞、销售、运营、维修、服务、技术开发和技术咨询；与民用飞机生产、销售相关的租赁和金融服务；经营本公司或代理所属单位进出口业务；承接飞机零部件的加工生产业务；从事业务范围内的投融资、外贸流通经营、国际合作、对外工程承包和对外技术、劳务合作等业务，以及经国家批准或允许的其他业务。

二、主要产品

（一）C919 大型客机

C919 大型客机项目是《国家中长期科学和技术发展规划纲要（2006—2020 年）》确定的 16 项重大科技专项之一。基本型混合级布局为 156 座，全经济布局为 168 座，标准航程为 4075 千米，增大航程为 5555 千米，设计寿命为 90000 飞行小时/30 个日历年。采用超临界下单翼、翼吊两台先进涡扇发动机、常规平尾、前三点式可收放起落架布局。总体设计以“四性”（即确保安全性、提高经济性、改善舒适性、注重环保性）、“三减”（即减重、减阻、减排）为目标，确保与未来市场的同类机型相比具有竞争力。

2014 年，C919 大型客机围绕“完成详细设计评审，全面进入试制阶段，全面展开试验验证，试飞测试开始联试，研保一期全部建成”年度目标开展研制工作。实现首架机机身成龙，完成翼身对接，建成总装移动生产、中机身装配、中央翼装配、水平尾翼装配、全机对接装配 5 条国际先进生产线。通过公司级详细设计评审，关键技术攻关取得重要成果，正常控制律通过初步设计评审。全面开展铁鸟试验、航电试验、工程模拟器试验等系统研发试验，在美国 GE 公司进行了发动机空台试验，试飞规划、适航审定、客服工程等配套研制工作有序推进。2014 年珠海航展期间再获 30 架新订单，累计订单达到430架。

（二）ARJ21新支线飞机

ARJ21－700飞机是我国“十五”计划的重大高技术项目，2002年4月国务院批准立项。ARJ21－700飞机是面向21世纪的、具有自主知识产权的中短程新型涡扇支线飞机，座级为78～90座，具有适应性、舒适性、共通性、经济性、系列化等特点。标准航程为2225千米（1200海里），增大航程为3700千米（2000海里）。最大飞行速度为马赫数0.82，最大使用高度为11900米，适应我国西部高原高温机场。2008年在上海首飞，2014年底取得中国民用航空局型号合格证，计划2015年交付首家客户成都航空进入航线运营。

2014年，ARJ21－700飞机围绕“取得CAAC型号合格证，两架飞机达到交付状态；抓好预投产、FAA取证及改进优化、公务机技术方案等工作”年度目标完成适航取证。取得了中国民用航空局型号合格证，标志着我国首款按照国际标准自主研制的喷气式支线飞机通过适航审定，具备可接受的安全水平，具备航线运营的基本条件，向世界宣告我国具备了大型运输类飞机研制能力和适航审定能力。2008年首飞以来，先后攻克80余项重大技术难关，完成取证所需全部试验、试飞科目，关闭全部适航条款。稳步推进首架交付、客户服务和示范运营工作，积极开展超级经济舱、公务机等改进改型论证工作，全年新增订单26架，累计订单278架。

三、航空科研

2014年，中国商飞公司与科技部共同推进国家大型民机科技创新能力建设，成立专家顾问组，深化国家大型民机“政产学研用”的有效结合。民用飞机模拟飞行国家重点实验室通过科技部组织的现场验收。推进民机健康监测技术研究，上海市民用飞机健康监控工程技术研究中心正式挂牌。全年共申请承担14项国家及地方课题，自筹资金支持开展30项技术研究项目，新增国内专利申请121项，获得专利授权66项。深化推进民机技术体系建设，明确公司专业技术归类与专业总师设置方案。印发《公司型号共通性研究工作方案》，编制32项公司标准、201项技术规范。吸纳36所高等院校参与大型客机项目，梳理民机技术专业6000多项，打造“以中国商飞公司为主体，市场为导向，产学研相结合”的民机技术创新体系。

四、航空零部件转包生产

所属上海飞机制造有限公司全年生产波音737NG飞机水平安定面项目324架，交付334架，准时交付165个月；生产波音787飞机着陆灯整流罩项目73架，交付70架，准时交付17个月；生产空客A320飞机货舱门门框项目280架，发运282架，准时交付85个月。新签订波音737MAX飞机水平安定面、波音777飞机背鳍和波音747－8飞机前起落架舱门3个转包项目，以及空客A320飞机货舱门门框后续合同。获AEROLIA公司首次全球评选的最佳工作包供应商。

五、国际经济技术合作

2014年，继续推进中国商飞—波音航空节能减排技术中心与国内高校、企业开展合作。与空中客车公司在上海签署非竞争领域合作《谅解备忘录》。完善合作伙伴高层互访交流机制，稳步推进与波音公司、俄罗斯联合飞机制造公司（UAC）、庞巴迪公司、福克公司等的合作项目。与国外16家教育培训机构合作进展良好。大型客机项目带动的16家合资企业完成注册并投入运行，带动22个省市、200多家企业、近20万人参与大型客机项目研制和生产，基本建成“以中国商飞公司为核心，联合中航工业，辐射全国，面向全球”的我国民机产业体系。

六、重大设施建设

“一个总部、六大中心”能力建设基本完成，一批重点实验室加快建设，试验验证能力进一步提升。位于浦东世博园区的总部基地一号楼主体竣工，获得上海市“优质结构奖”。设计研发中心样机库与客户选型中心、机构功能实验室投入使用，航电、铁鸟集成验证系统试验平台完成建设。总装制造中心引进了具有世界先进水平的5条自动化装配生产线，建设了设备一流的复合材料制造车间和数控车间，全力打造数字化工厂。客户服务中心运行支援快响中心启动运行，技术交流中心投入使用。北研中心结构强度与复合材料综合实验室和数字计算与仿真实验室投入使用。试飞中心试飞综合楼、特种车库、餐厅、东营试飞调整机库建设进展顺利。基础能力中心积极开展信息化、标准化、情报档案三大业务建设，融入型号研制取得新突破。

七、机构调整和体制改革

2014 年 8 月 1 日，在四川成都挂牌成立四川分公司，将作为国内首个公司级地区发展平台，打造飞行模拟训练、航空器维修、航材支援和工程技术支援四大业务板块，为即将交付使用的 ARJ21－700 新支线飞机，以及未来国产大型客机的示范运营，构建全方位的商业化运营保障体系。

（中国商用飞机有限责任公司）

中国电子科技集团公司

一、公司基本情况

中国电子科技集团公司（简称中国电科）是经国务院批准、在原信息产业部直属研究院所和高科技企业基础上组建而成的国有重要骨干企业，是中央直接管理的十大军工集团之一。主要从事国家重要军民用大型电子信息系统的工程建设，重大装备、通信与电子设备、软件和关键元器件的研制生产。

中国电科所属二级成员单位58家，上市公司7家，分布在全国18个省市区。现有职工13万余人，其中，中国工程院院士11名。拥有国防科技重点实验室15个，国防研究应用中心6个，研究中心7个，博士后科研工作站27个，流动站1个，拥有一批国内一流的中试线、生产线、装配线和机加中心，形成了国内电子领域最完整的研究、设计、试制、生产及试验能力体系，具有完备的质量保证体系，取得了一批领先或接近国际水平的重大科技成果，在一些关键技术领域始终保持着国内领先、国际先进的地位。在民用航空产业领域，空中交通管理系统及装备是中国电科深入开展两化融合，以信息化服务于民用航空的重要切入点，目前已取得显著成绩，品牌地位逐步提升。

二、主要产品

在空中交通管理领域，重点研发空管自动化系统、机场场面监视系统、空管模拟训练系统、空管雷达终端系统、塔台视景系统、机载通信导航设备、塔台综合显示系统、飞行流量管理系统、飞行环境监视系统等，包括一次/二次监视雷达、气象雷达、多点定位系统、机场场面监视雷达、ADS－B等多个系列化产品，以及空管监视系统整体解决方案，实现飞机航路、进近、起降和机场场面的全空域监视，为空管提供精确的目标位置信息。

三、新产品开发

中国电科围绕空中交通管理、通用航空、航空电子、航空测试保障四块业务，全面拓展和提升民用航空产业领域的技术产品水平。下属有关成员单位已初步建立了满足民用航空的AS9100C质量管理体系，在民用航电系统关键技术研究和开发方面已取得重大突破，有多项专利获得专利局批准和受理。

在空管领域，中国电科突破了大型空管系统架构和平台设计、多源监视数据融合、分布式飞行数据共享等多项关键技术，在国内大型区管主用系统沈阳、乌鲁木齐项目的国际招标中，一举获胜，成为同类产品的首个国产供应商，打破了该类产品长期进口的局面，为国家推进空管装备国产化进程迈出了坚实的一步。近年，场面监视系统突破数据录取、数据融合等关键技术，成为转型升级的标志性产品陆续交付用户。

通用航空产业是中国电科重点关注、积极投入、大力培育发展的新兴业务。中国电科借助于与四川省政府、成都市政府及投资机构通力合作、共同组建的中电科航空电子有限公司（简称航电公司）平台成立中电科航空投资发展（四川）有限公司，作为中国电科的投资平台，已与有关地方政府、相关企业达成了组建合资公司的合作意向，签署投资合作协议，合资公司将重点研制与生产通用航空飞机。2014年3月，完成对中电科芜湖钻石飞机制造有限公司、芜湖钻石航空发动机有限公司的增资，引进奥地利钻石飞机DV20与DA42生产许可和生产线，获得DA42基本齐全的技术资料，完成了消化吸收工作，项目核准工作已获得安徽省正式批复；2014年12月，与奥地利钻石飞机工业公司合资成立中电科芜湖钻石飞机设计研究院，启动飞机平台改装研究工作；同时，积极开拓国内外市场，与德阳、广汉市政府签署通航产业项目合作协议，并有序推进 DA42 无人机改进项目和一体化无人机应用系统研究项目。

在民机航电系统领域，通过实施民机航电系统相关项目，掌握民机航电系统总体设计、设备研发、航电软件开发、系统集成、产品生产、适航取证等关键技术，建立完善的民机航电系统研发和生产质量适航管理体系，提升民机航电系统及设备的设计开发、系统集成、生产制造、适航取证和服务保障等方面的能力。以国家启动 C919 大型客机项目为契机，通过航电公司构建航空电子产业平台，开展国际交流与合作，将国际先进的技术、成熟化的产品与国内需求相结合，大力推进国产大型客机航电系统的国产化进程。

在航空测试保障领域，加快推进民用航空的测试研发，从纵、横两个方向拓展测试研发领域。在纵向拓展方面，开展航空器及其设备在研发、生产，以及使用维护全寿命周期过程中的测试研发能力建设。2013—2014 年两年间中国电科已经成功开展了 C919 飞机和“蛟龙”600 飞机通信导航系统集成验证测试平台的研发，成为国内少数能完成民机通信导航集成测试验证的单位。中国电科针对电科泰雷兹公司空客飞机客舱吊挂显示器进行了生产线 ATE 的研发与制造，成为国内民机领域首个将自研测试设备写入飞机部件维修手册（CMM 手册）的单位。在横向拓展方面，逐渐从航空电子测试研发向机械液压附件测试研发延伸。2014 年借鉴和学习美国航空蓝油液压自动测试系统的研发技术，自主开展了航空红油液压自动测试系统的研发。

2014 年，中国电科在已开展的地面、机载电子装备制造、系统集成、运营服务和维修保障业务的基础上，一方面，围绕训练模拟以及低空空管等产业深化策划、积极推进；另一方面，重点瞄准通用航空战略方向，着力推进通用飞机制造和有人/无人特种飞机系统这一新兴业务的发展。

四、国际经济技术合作

中国电科按照拟定的发展规划，确定了“通过国际合作高起点切入民用航空电子领域”的实施战略，2014 年，与法国、美国等国的著名航电系统供应商开展的技术交流、经济与资本的合作取得较大突破，完成与美国柯林斯公司合资企业的组建并实现顺利运营。中国电科与国外先进企业以现有合作成果为基础，继续深化合作，积极扩展通信导航生产维修、客机宽带通信和乘客移动通信、宽带卫星通信、基于卫星的 ADS－B 等多项业务的合作洽谈，并与欧洲空中客车公司建立合作交流渠道。通过资本并购等方式，进入飞行培训和维修领域。在芜湖投资的中国电科芜湖钻石飞机制造有限公司与奥地利钻石飞机工业公司开展技术与市场合作，成为奥地利钻石飞机和相关产品在中国的独家销售代理商。

五、重大设施建设

在成都投资建设的航空电子产业园将与国际一流航电企业、中国电科相关成员单位、国内知名航空航天高校联合打造西部民用航空电子产业基地，支撑西部科技发展。项目一期工程全部通过竣工验收，并投入使用，收效显著。目前二期工程也已全面启动。

六、机构调整和体制改革

中国电科在民品产业发展过程中，积极推进内涵式与外延式相结合的经营策略，从体制机制上，探索出一条国营资本、民营资本、地方政府资本互相融合的投资与资本运作的发展模式。完成华太航空科技有限公司投资后（业务为航空设备机载部附件的研发、维修），在完善航空产业链的同时，2014 年度取得了较好的经济效益。

（中国电子科技集团公司）

中航工业西安飞机工业（集团）有限责任公司

一、企业基本情况

中航工业西安飞机工业（集团）有限责任公司（简称中航工业西飞）创建于1958年5月8日，是中国航空工业集团公司的成员单位，隶属于中航飞机有限责任公司，是我国大中型军民用飞机研制生产基地，国家一级企业。公司拥有30多家控股和参股企业，现有从业人员2万余人，公司的经济规模与综合实力居同行业领先水平。

中航工业西飞坚持“航空为本，多种经营”的理念，重点发展军机、民机、转包生产、航空投资业务和非航空业务五大产业，先后自主研制生产了30多种型号的军民用飞机，主要业务与经营范围包括：旅游客车、建筑用铝型材、铝门窗、现代物流、物业管理、建筑施工、医疗卫生等产品与服务。

公司先后荣获全国用户满意企业、“五一”劳动奖状、高技术武器装备发展建设工程重大贡献奖、全国质量效益型先进企业、全国文明单位、“中国经济百强榜共和国60年最具影响力品牌60强”等荣誉称号，“西飞”商标被认定为中国驰名商标。

二、主要产品

“新舟”60系列飞机。2014年“新舟”60系列飞机销售取得较好成绩，全年共交付14架。其中：交付国内用户6架；交付国外用户：尼泊尔、玻利维亚、吉布提、柬埔寨（巴戎航空）4个国家8架。截至2014年底“新舟”系列飞机已累计销售交付96架。年末“新舟”60飞机在手订单103架，其中出口54架。

国际航空零部件转包产品。2014年，国际合作业务继续保持增长，产品研发及生产能力持续增强，出口交付额再创新高，共交付18个品种1823架份国外航空零部件，出口交付额3.5亿美元，同比增长3%。实现批产项目稳定交付，全年完成A320翼盒交付53架份，机翼总装47架份，波音737NG垂尾交付326架份。

航空复合材料。2014年航空复合材料销售继续呈现增长势头，全年实现销售收入47亿元，比上年增加4.6亿元，增长了11%。航空复合材料现有产品主要有飞机结构件（机翼—机身整流罩、机翼前缘、翼梢小翼、头部雷达罩等）、发动机结构件（风扇头锥、风扇机匣、整流罩、分流环、外涵道等）、内饰件（顶板、行李架、货舱内衬、地板、内部系统和机舱内饰）三大类，由位于奥地利的FACC公司生产。

三、产品开发与技术进步

中航工业西飞重视产品研发投入，2014年，科技活动经费支出占全年营业总收入的11.2%，比上年提高1.2个百分点。2014年获得54项专利授权，其中发明专利21项，年末拥有有效发明专利82项。当年民用航空研制项目21个，项目计划总投资48亿元，经费总支出12亿元，比上年增长7.8亿元。2014年开展的重大民用航空项目有：“新舟”700研制项目、C919大型客机项目、“蛟龙”600项目、新支线客机研制等。

“新舟”60人工增雨机2014年6月21日完成飞机首飞；“新舟”600飞机疲劳试验累计完成47560次起落；“新舟”600F（货机）后机身疲劳试验累计完成33447次起落。

ARJ21-700飞机项目，2014年向上海飞机制造有限公司（简称上飞公司）交付110架机~113架机前机身、中机身、翼盒等17个工作包共计52项部组件。

C919 大型客机项目研制，2014 年 2 月翼身组合体试验件交付上飞公司；2014 年完成 10101 架副翼，中机身（含中央翼），左、右外翼翼盒交付上飞公司。

TA600 项目研制，2014 年 5 月完成水密试验件制造；12 月完成中机身总装下架，进行中央翼总装。

“新舟”700 项目研制，完成以制造 WBS 框架和单元说明为标志的制造范围定义；建立初步成本控制办法和成本管理基本模型；完成了“新舟”700 飞机初步客服体系建设规划；完成试验件制造 21 个工作包；开始进行制造标准体系建设。

四、对外贸易与国际经济技术合作

2014 年，中航工业西飞完成波音 737MAX 内襟翼装配布局优化，优化了装配流程，节约了装配面积。逐步建立并完善了国际合作项目标准件开架管理、非金属寄售、原材料协议采购及水切割零件轮廓材料状态采购等制度，降低了原材料库存和采购成本。通过水切割零件轮廓材料状态供料有效降低了成本。通过引入新工艺、新材料，完成了沃特公司波音 747－8 垂尾蒙皮拉伸工艺优化，将原来的高温胶结更改为目前的常温胶结，消除了能源消耗较高的热压罐设备的占用，缩短了零件工艺路线及周转、加工周期。通过工艺改进，将英国宇航公司、意大利航空和波音公司项目等 20 项数控零件的一次测量合格率提升到 100%。

通过波音专家现场参与数控梁间肋、钛合金接头和波音 737 垂尾加强板工艺优化，系统地学习了波音在数控刀具选择、工装设计、数控程序编制、走刀路线设计以及机床加工参数设置等方面的经验，完善了中航工业西飞的数控加工技术体系。

按照精益理念，逐步建立了国际合作精益生产化铣单元、蜂窝芯加工单元、波音 737 垂尾梁缘条加工单元、波音 737 垂尾下端肋缘条加工单元，通过这些单元的建立，消除了周转环节中的检验、检测及清洗工序，缩短了人员移动距离和加工周期，优化了现场布局，提升了管理效率。

五、重大设施建设

ARJ21 新支线飞机生产能力建设项目。截至 2014 年 12 月，该项目累计完成投资 38242 万元，其中本年完成投资 561 万元，项目累计执行率为 100%。本年完成建筑安装的工程项目有：复合材料厂房、换热站增容、精密热处理厂房、部装厂房、信息中心。制冷站、变电站交付使用。本年新增 30 台（套）工艺设备，其中：长桁铣床、大型数控喷丸成形机床、刀具检测系统、陶瓷喷丸强化机等交付；空气循环炉到货安装；机身壁板自动钻铆系统已签合同正在制造。

C919 飞机研制保障条件建设项目。2014 年该项目累计完成投资 14074 万元，其中本年完成投资 1812 万元。本年完成复合材料喷漆厂房、部装厂房、换热站、空压站、变电站、制冷站 6 项技术准备。新增工艺设备 301 台（套）。接入级网络设备、小型应用服务器、图形工作站、微机、企业应用服务器、照相测量系统、铺带机仿真软件等交付使用。双主轴五坐标数控龙门铣床、数控五坐标长桁龙门铣床、激光焊机、机翼壁板自动钻铆系统、外翼翼盒数字化装配系统、外翼前缘数字化装配系统、发动机吊挂加强板精加工设备、襟副翼数字化装配系统（加工设备）、激光投影定位仪、激光雷达测量仪升级改造、数据库系统等已签订合同，正在制造。

六、企业改革改制

2014 年 10 月，中航工业西飞将持有的中航飞机股份有限公司的 10.6 亿股（占总股本的 40%）无偿划给中航工业，划转后中航工业西飞持有上市公司股份的 7.36%，不再控股中航飞机股份有限公司。

2014 年，中航工业西飞在生产型单位全面推广了以“预警和持续改善为核心”的 SQCDP 管理，初步建成了 SQCDP 管理体系。编制了中航工业西飞 SQCDP 管理程序文件和过程执行表单，规范了 SQCDP 管理流程，作为对中航工业 AOS0305 生产控制业务域的补充和完善；编制了《SQCDP 管理手册》，具备了在行业内进行复制、推广的要求。将精益六西格玛推进工作与中航 AOS 生产制造模块推广试点工作有机结合；针对公司型号研制、飞机批产过程中的瓶颈问题，选立 64 项精益六西格玛改善项目，其中，公司级 1 项，总厂（部）级 14 项，分厂（处）级 49 项。各项目团队将项目成果纳入相应文件资料，固化改进成果。完善管理制度、标准、规范、流程等，保障改善内容的持续运行。

（中航工业西安飞机工业（集团）有限责任公司）

中航工业哈尔滨飞机工业集团有限责任公司

一、企业基本情况

中航工业哈尔滨飞机工业集团有限责任公司（简称中航工业哈飞），创建于1952年，是新中国航空工业最早的六大主机厂之一，是我国“一五”时期156个重点建设项目之一，是目前国内唯一一家同时具备直升机和固定翼机研制能力的大型现代化航空制造企业，设有国家级技术中心及博士后工作站。公司位于哈尔滨市平房区，占地面积463万米^2。

公司历史上成功研制生产了我国第一架直升机直5、第一架轻型喷气式轰炸机轰5、第一代大型水上反潜轰炸机水轰5等机型。改革开放以来，相继研制生产了AC312系列直升机、HC120直升机、运12系列轻型多用途飞机，并与巴西航空工业公司合资生产了ERJ145支线客机及莱格赛650公务机。其中，运12飞机是我国第一个获得中国CAAC和美国FAA型号合格证的飞机。公司现主要民品有AC312系列直升机和运12系列飞机，在研产品有EC175/AC352直升机和运12F通用飞机。公司拥有先进的航空复合材料构件制造优势，与空中客车公司合资成立了哈飞空客复合材料制造中心，供应空客A350及空客A320系列复合材料飞机零部件。公司成立60多年来，已累计交付各类直升机、飞机2400余架，为我国航空事业和国防建设做出了重要贡献。

二、生产经营情况

2014年，中航工业哈飞实现民用航空产品收入13.6亿元，实现民用航空产品产值11.8亿元。

三、主要产品

AC312系列直升机。AC312系列直升机是中航工业哈飞的主要产品之一，20世纪80年代同法国宇航公司签订专利技术引进合同，经过国产化，改进、改型，目前已形成军、民用两大系列。民用系列产品主要有H410A换发型、H425民用型、航空摄影型、海洋监测型、地质勘探型、防火救灾型等。AC312系列直升机是我国目前发展最好、交付最多、用户最广，且唯一实现整机出口的直升机。截至2014年年底，公司已累计交付AC312系列直升机近500架。

运12系列飞机。运12系列飞机是中航工业哈飞于20世纪80年代初自行设计制造的具有自主知识产权的轻型多用途飞机，已研制生产出多种型号。目前供应市场的是19座级，最大起飞重量5670千克，为运12Ⅳ型和运12E型。运12系列飞机是我国第一种按照美国适航条例研制的轻型多用途通用飞机，取得了中国、英国、美国、法国、印尼、澳大利亚和新西兰7个国家的型号合格证。截至目前外销到20余个国家和地区，是我国出口数量和出口国家最多、适航水平最高、出口潜力最大的民用飞机，也是我国唯一在世界范围内形成运营机群的通用、支线飞机。截至2014年年底，中航工业哈飞已累计交付运12系列飞机180余架，其中出口近120架。

四、产品开发与技术进步

运12F飞机研制项目。运12F飞机是以运12E飞机为基础，通过换装大功率发动机和对机翼、机身、起落架等改进设计，提高了飞机的飞行速度，增大了商载能力和航程，改善了乘坐舒适性，降低了使用维护成本，在非增压座舱竞争飞机中处于先进水平。运12F飞机以其更优良的性能将扩大销售、拓宽市场、增加出口创汇，成为中、短途支线客运为主的飞机。项目达产后可实现年产20架机的建设规模。

五、国际经济技术合作

中航工业哈飞有着30多年的国际合作转包历史，通过风险合作、合资公司、转包生产三种模式成功融入了世界航空产业链，成为世界知名的航空零部件供应商，尤其是在复合材料技术方面，领军国内的同时，也在世界范围内享有广泛的声誉。目前，中航工业哈飞与空客、空直、巴西航空工业公司（简称巴航）、法国埃赛、GKN、罗罗等公司有着直接的合作，并与GE、庞巴迪、霍尼韦尔等公司保持着友好的关系，现有EC175直升机、EC120直升机、埃赛F7X短舱、哈尔滨空客合资制造中心、哈尔滨安博威合资公司等国际合作及转包项目。2014年3月，中航工业与空客直升机公司签署了1000架份的EC175/AC352主机身批生产合同。该销售合同的签署预示着EC175/ AC352在未来10～20年将有足够的市场需求；同样，现有的GKN、埃塞F7X等转包生产项目订单已经明确，而且需求数量足够大。

EC175/ AC352直升机研制项目。该项目是我公司和法国欧洲直升机公司采用项目合作的形式联合研制的一种先进中型多用途直升机。双方在设计、试验、制造、试飞、取证和市场营销等方面进行了全面合作。该项目的实施使我国的直升机企业向世界先进民用直升机主制造商行列迈进了一大步，使我国的直升机企业按照国际适航标准的要求走完民用直升机研制的全过程，得到一个先进的通用民用直升机平台。该机型外方命名为EC175，中航工业哈飞为其提供机体，在国内命名为AC352，由中航工业哈飞生产整机。2014年1月EC175取得EASA型号合格证；3月中法双方正式签署批生产合同，共计1000架EC175机身；7月中航工业哈飞正式获得了EASA颁发的EC175型机的生产组织许可证（POA）。EC175/ AC352直升机是一款满足国际最新适航标准要求的先进中型多用途直升机，其性能、经济性、可靠性、维修性、保障性、舒适性、安全性等指标上将达到21世纪初国际先进直升机的水平，具有更强的市场竞争力，在近海石油平台运输、城市公共安全巡逻、紧急医疗救护、海洋监测、海洋救捞和其他准军事用途等领域有广阔的市场前景。

EC120直升机。1993年，中航工业哈飞与法国欧洲直升机公司、新加坡科技宇航公司采取共同投资、共担风险、共享利益的方式，共同研制、联合设计、合作生产了单发五座轻型EC120直升机。该机已取得了30多个国家的型号合格证，是我国航空领域走国际合作道路的成功典范。通过这个项目的合作，使中航工业哈飞的技术水平、管理水平都跨上了新的台阶。截至2014年年底，中航工业哈飞已累计交付EC120机身结构700余架份。

哈尔滨哈飞空客复合材料制造中心项目。该项目占地80000米^2，一期固定资产投资10亿元，历时3年新建3.4万米^{2}厂房。总投资20.6亿元，计划2015年达产。现已签订7个工作包，合同总金额5亿元。项目达产后，预计实现产值10亿元，将成为国内首个A350大部件供应商。

（中航工业哈尔滨飞机工业集团有限责任公司）

中航工业西安航空发动机（集团）有限公司

一、企业基本情况

中航工业西安航空发动机（集团）有限公司（简称中航工业西航）始建于1958年，是以资产为纽带，母子公司体制的企业集团。1998年，公司经批准进行了现代企业制度改革，成立了国家独资的中航工业西安航空发动机（集团）有限公司。2001年，实行债转股，组建了以原中国航空工业第一集团公司和华融资产管理公司为股东的有限责任公司。

2007年，中航工业西航抓住中国粮油集团公司实施战略业务调整的机遇，借壳吉生化实现了主营业务上市。2008年11月20日，公司控股的“西安航空动力股份有限公司”正式成立，成为国内首家航空动力装置整体上市的公司。2013年1月23日，公司正式启动重大资产重组事项。经过一年多的筹备，于2014年4月16日获得中国证监会上市公司并购重组委员会无条件通过，并于2014年下半年更名为“中航动力股份有限公司”。重组更名后的中航动力股份有限公司成为我国最大的航空发动机及衍生产品生产制造、维修基地。

中航工业西航是国内大中型军民用航空发动机研制生产基地，大型舰船用燃气轮机动力装置生产修理基地，新型环保能源领域研发基地，国内领先、国际一流的高技术加工制造中心。

我国第一台中型轰炸机发动机、第一台大型歼击轰炸机发动机、第一台具有完全自主知识产权的最先进的航空发动机核心机、第一台大功率舰用燃气轮机燃气发生器均在这里诞生。

二、生产经营情况

2014年，中航工业西航实现销售收入109.79亿元，利润3.7亿元。同时，实现工业总产值73.8亿元，民用航空产品产值12.62亿元，出口交付额2.75亿美元。

三、主要产品

中航工业西航拥有较稳定的产品族群，在民用航空领域，主要以航空发动机及其衍生产品的零部件转包为主，产品涉及发动机压气机、燃烧室、涡轮、机匣等关键部件，包括盘类零件、环类零件、封严类零件、轴类零件、机匣类零件、涡轮叶片和压气机叶片，以及其他结构类零件等。产品的零件种类超过上千种，为全球20多型发动机提供零件配套。同时，中航工业西航还开展了航空衍生产品的零件转包业务，为LM2500、LM6000等知名燃机提供零件制造业务。2014年公司先后与GE公司、斯奈克玛（SNECMA）公司签订长期采购协议，为公司民用航空业务后续发展打下了良好基础。

四、产品开发与技术进步

中航工业西航外贸转包中多数产品属于航空发动机的关键件和重要件，工艺复杂、加工难度大、技术条件苛刻，是航空发动机制造技术领域的尖端零部件。

通过外贸转包生产，不仅扩大了我国航空发动机零件的出口，提高了创汇能力，还提升了中国制造企业在全球航空工业的地位，提高了公司在世界航空发动机制造领域的知名度。通过与客户建立长期稳定的业务与生产过程合作关系，促进了公司技术保障体系、质量保证体系、内部管理体系、商务运作等逐步与国际接轨；通过引进和吸收国外的先进加工技术、加工诀窍、检测方法、特种加工手段，大大提升了企业的技术能力，增强了企业核心竞争实力。目前公司已掌握了对盘类零件、环形件、鼓筒轴、涡轮导向器前支撑（FINS）、精密铸造叶片、精密锻造叶片等近千种零件的所有加工工艺，特种工艺继续保持NADCAP的9大项、33分项的特种工艺认证，认证范围和数量位居国内同行业领先地位。产品的制造技术既有深度，又有广度，其中部分制造技术已达到或接近国际同行业先进水平。

五、国际经济技术合作

经过20多年的发展，中航工业西航外贸航空零部件转包生产取得突破性进展，先后与美国GE、英国罗罗、法国斯奈克玛、加拿大普惠等世界著名航空发动机制造企业建立了长期稳固的战略合作关系，并成为数家外国发动机制造公司的近百种零件的海外唯一供应商。外贸转包业务发展实现了四个转变：简单件到复杂件、静止件到转动件、一般件到关重件、单个件到组合件。先后为20多种发动机提供1000多种零件，生产的近百种产品成为客户的唯一供应商。在产业规模、市场拓展、业务管理、技术竞争力等方面已达到相当实力，获得了广泛的客户认可。合作方式已发展到RSP风险合作，为公司持续快速发展奠定了基础。

六、企业改革改制

到本世纪初，在国家对国有企业实行“精化分立、主辅分离”的政策引导下，公司重组整合了民品业务，先后组建了多家独资或控股公司，建立现代企业制度；在原有产品的基础上，开拓了航空航天地面设备等业务。

近年来，为了加速公司转型升级，公司对外贸业务的主力板块——国际业务分公司（简称动力国际）的组织机构进行了重新整合，机构调整的总体原则是通过动力国际模拟子公司的独立经营和对公司外贸业务机构的调整，实现资源优化配置，业务流程简捷，以及低成本、高效率的运营，使动力国际更好地实现公司外贸转包业务战略目标。

（中航工业西安航空发动机（集团）有限公司）

中航工业沈飞民用飞机有限责任公司

一、企业基本情况

中航工业沈飞民用飞机有限责任公司（简称中航工业沈飞民机）成立于2007年8月28日，由中航飞机股份有限公司、沈阳飞机工业（集团）有限公司、沈阳创业投资管理集团有限公司、中航投资控股有限公司、中航飞机有限责任公司共同出资，注册资本62488万元，母公司为中航飞机股份有限公司。

公司经营范围为民用飞机零部件的设计、试验、生产、销售及相关技术转让、技术咨询和进出口贸易；军用飞机结构零部件的设计、试验、生产、服务等。截至2014年年底，公司拥有员工2280人，资产总额25.28亿元。

二、生产经营情况

2014年中航工业沈飞民机实现销售收入100916万元，同比增长22.03%，实现利润总额2577万元，同比增长10.68%，出口交付额12134万美元，与2013年基本持平。

三、主要产品

中航工业沈飞民机与中国商飞、波音、空客、庞巴迪、空客直升机、赛峰等国际知名航空制造企业均建立了稳定的合作关系，主要产品涵盖了A320、波音737、波音777、波音787、Q400、C系列、ARJ21、C919等现役和在研民用飞机的主要机体结构部件，包括机身（含舱门）、尾段、吊挂、机翼前缘、垂尾前缘、电缆、应急舱门、复材壁板等产品。合作范围涉及设计、制造、试验、售后服务等民用飞机研制多个领域，此外公司还与以色列IAI公司合作承揽了包括波音747、波音767等民用飞机的客机改货机机体部件业务。

四、产品开发与技术进步

2014年，中航工业沈飞民机继续保持与空客、波音、庞巴迪以及其他客户的接触，巩固市场体系建设，积极探讨新的合作机会。7月在英国范堡罗航展期间与庞巴迪宇航公司签订了Q400飞机B2B工作包合同，11月在珠海航展期间与波音公司签订了波音777尾翼翼尖项目合同。同时，为进一步扩大市场，提高制造技术水平，向一级供应商目标迈进，成立了中航工业－波音制造创新中心沈阳分部，并完成了首架波音777前扭力盒复材壁板生产工作。

中航工业沈飞民机通过深化ERP系统和行政办公系统（OA）应用，逐步提高了管理效率，部分流程实现了无纸化办公；组织了CPM协同产品制造平台建设和物流条码系统的开发与应用工作，提高了物流周转效率；组织完成了金属胶结生产线、复材生产线能力建设技术工作和拉比纳项目、Q400飞机B2B项目的热、表、焊专业的工艺准备，夯实了公司的技术基础。

在研发能力方面，中航工业沈飞民机进一步完善了飞机研发设计体系、设计指南与标准、LCA平台环境；全面展开了“新舟”700项目设计工作，多个专业累计完成8.3万个设计工时，顺利完成概念设计并通过客户评审；深入参与了北研中心CXY项目设计，拓展了电磁兼容、容差分析等专业，取得了客户信任；拓展参与了宽体客机项目关键技术预研，为后续参与宽体飞机项目的设计打下坚实基础。

2014年共申报16项专利，其中11项获得了专利授权，另外还发表了10篇科技论文，向中国航空工业集团公司申报了科技成果，其中一项获得中航工业科技进步一等奖，两项获得三等奖。

五、重大设施建设

中航工业沈飞民机研发办公楼竣工并投入

使用，整体搬迁工作顺利完成，标志着新园区建设取得新进展；C919 项目生产线的论证、设计评审工作顺利完成，目前正按计划进行生产线研制；复材厂房实现了主体封顶，重大关键设备的采购工作均按计划稳步推进，为公司提升研发、生产能力，实现快速发展打下坚实的基础。

（中航沈飞民用飞机有限责任公司）

中航工业成都发动机（集团）有限公司

一、企业基本情况

中航工业成都发动机（集团）有限公司（简称中航工业成发）始建于1958年，是中国航空发动机及其衍生产品科研、制造基地。公司在长期的军品型号研制以及与国际知名航空企业的合作过程中，建立了机匣、钣金、叶片、轴承4个专业化优势平台，形成了技术、热表、装试三个能力中心，初步掌握了国际先进航空发动机关键零部件制造技术；拥有国家、国防检测和校准实验室认可资格的国防二级区域计量站以及国家实验室资格的理化检测中心，具备了航空发动机研制生产所需的成套试验能力；通过了ISO9001、GJB9001B和AS9100B质量体系认证，热处理、焊接、无损检测、化学处理、涂层和非传统加工等特种工艺获国际宇航的NADCAP认证。

目前，中航工业成发正承担着国家重点型号航空发动机的研制任务；与美国GE、普惠、英国罗罗等企业建立了长期的战略合作关系并正向风险合作伙伴迈进；民品项目与现代服务业正在快速融入区域经济发展圈。

截至2014年年底，中航工业成发资产总额56.3亿元，拥有5个全资子公司、1个控股上市子公司和5个参股公司，建立了规范、高效的集团管控体系；公司拥有从业人员5986人，其中：工程技术人员1169人、管理人员1008人，具备高级职称的有211人，硕士及博士研究生176人。

二、生产经营情况

（一）企业整体经营情况

2014年，中航工业成发工业总产值实现27.3亿元，增加值6.5亿元，其中工业增加值5.3亿元；营业收入全年实现31.3亿元，其中外贸转包销售收入突破2.0亿美元，同比增长17.8%，再创历史新高；利润总额全年实现1.05亿元。

（二）民用航空经营情况

2014年，中航工业成发民用航空外贸全年实现销售收入9258万美元，同比增长了1063万美元，增幅为13.0%。其中，GE航空出口项目5173万美元，同比增长19.2%；罗罗公司项目完成2647万美元，同比下降2.2%；霍尼韦尔（HWL）项目实现1415万美元，同比增长29.0%。

三、主要产品

民用航空产品主要有航空发动机的风扇机匣、压气机机匣、燃烧室机匣、涡轮机匣、轴承机匣、蜂窝密封件、环形件、燃烧室钣金件等航空发动机零部件，产品涉及美国GE公司的GE－90系列、CF－6、CF－34系列、GE－nx系列、GP7200、LeapX、Passport20，以及英国罗罗公司的“湍达”XWB、“湍达”1000、RB211、V2500、BR710等民用航空发动机型号，同时涉及美国霍尼韦尔公司HTF7000、HTS900等航空发动机和×××等辅助动力系统。同时，公司也在积极参与中航工业商发的民用航空发动机研制项目。

四、产品开发与技术进步

（一）产品开发

GE航空项目。2014年，GE航空项目持续开发包含同步研发项目Leap－1B高压涡轮机匣等在内的新品，成功获得了GE航空亚太区最佳成长奖（5000万美元以上）。同年9月，在GE航空召开的亚太区供应商大会上，GE公司宣布启动针对Leap机型的全球竞标，中航工业成发作为重点供应商受邀参加。

罗罗公司项目。2014年7月，中航工业成发与罗罗公司双方签署了TAIZU项目合作协议，该项目覆盖罗罗公司新型发动机TRENTXWB、TRENT1000－TEN 和 BR725 的系列机匣产品，合同期为 8 年半，业务超过 3 亿美元。

霍尼韦尔项目。中航工业成发霍尼韦尔项目近三年增长迅速，现已成为霍尼韦尔中国最大的机加供应商。鉴于该项目在交付质量等方面的卓越表现，公司成为霍尼韦尔公司历史上唯一一个连续 3 年获得全球年度供应商奖的供应商。其中，航空铸件项目已经完成并已转入批产；航空叶片项目已经启动，预计在 2015 年 8 月交付首台零件；同步工程项目（燃烧室组件）已经启动，预计在 2015 年底完成试制工作。

（二）技术进步

新工艺开发。2014 年，中航工业成发共获得 13 项新工艺，包含等离子喷涂氧化铝涂层、火焰喷涂镍石墨涂层、涂覆干膜润滑剂、喷丸、铸造、镀银等，具体开展的工作主要有：在与 GE 航空合作的同步工程工艺开发方面，公司成功完成了 U 形槽等离子喷涂工艺开发。等离子喷涂氧化铝涂层为公司外贸项目首次试制的该类涂层，FAST 外贸项目创下全新喷涂工艺开发史上的最短时间。采用等离子喷涂底层、火焰喷涂面层的工艺代替镍石墨涂层，顺利获得了客户批准。涂覆干膜润滑剂首次在外贸航空项目上使用。2014 年 8 月底，公司顺利通过了 GE 航空的现场审核并获得了 P11TF8 的资质。霍尼韦尔铸造项目是公司的第一个航空铸件项目，公司顺利取得了铸造工艺资质。镀银工艺也是公司在外贸航空项目上的首次开发，公司按照项目进度取得了镀银工艺资格并获得了零件技术计划的批准。

技术攻关和工艺改进。公司采用改进刀具、摸索加工参数和加工顺序等措施完成了霍尼韦尔项目 3870264－1 机加工技术攻关、试制，并顺利转入批产，年产量可达 1200 件，产值达 400 万元。公司通过铣削方法、走刀方式、工步的安排，以及刀具和加工设备的选用等对 GE 航空 2460M70 和 2082M19 的机加工艺进行了改进，加工效率大大提升，加工时间分别缩短了 26% 和 48%，为类似产品的加工提供了宝贵经验。公司对 GE 航空零件 2082M24 镀镍工艺进行了改进，一次镀镍合格率从原来的 80% 提高到 95% 以上，年节约成本约 10 万元。

NADCAP 审核及其他。目前，公司拥有热处理、化学工艺、焊接、热喷涂、喷丸、非常规加工、NDT、材料检测等共计 8 项 NADCAP 资质，2014 年，公司接受并通过了 5 个项目的 NADCAP 审核。其中，非常规加工、热处理工艺和表面强化三项工艺获得了两年的有效期，热喷涂工艺和无损探伤获得了一年半的有效期。

同时，公司也接受了新时代公司的质量体系审核，AS9100、FAA、S－1000、罗罗公司的 SCA 和 MCA 审核，Alstom 体系审核等，所有审核都一次通过。

五、国际经济技术合作

中航工业成发在民用航空发动机领域与美国 GE 公司、英国罗罗公司、德国罗罗公司、美国霍尼韦尔公司、法国斯奈克玛公司、西班牙 ITP 公司、加拿大普惠公司等世界知名航空发动机制造商建立了长期合作关系，成为美国 GE 公司、英国罗罗公司和霍尼韦尔公司的合格供应商。

中航工业成发外贸航空零部件从单一的小零件制造逐步向高端、精密制造，正向整合供应链及参与零件设计方向发展，已由单一客户发展到世界著名航空发动机制造商客户群。公司通过对外交流，加强了与客户的沟通，引进了新的管理理念，实现了外贸民用航空产品销售份额的逐年提高。2014 年，外贸民用航空产品交付 0.93 亿美元，再创历史新高。

（中航工业成都发动机（集团）有限公司）

中航工业成飞民用飞机有限责任公司

一、企业基本情况

中航工业成飞民用飞机有限责任公司（简称中航工业成飞民机）成立于 2007 年 8 月 23 日，是中国航空工业集团公司旗下中航飞机有限责任公司的成员单位。公司性质为国有控股企业，注册资金为 5 亿元，由中航飞机股份有限责任公司（持有 45% 股份）、成都飞机工业（集团）有限责任公司（持有 40% 股份）、中航投资控股有限公司（持有 15% 股份）采用多元化投资方式组建而成。

公司经营范围包括飞机零部件的设计、试验、生产、销售，货物进出口和技术进出口。截至 2014 年 12 月 31 日，公司拥有员工 1081 余人，资产总额约 15 亿元。

二、生产经营情况

2014 年中航工业成飞民机实现销售收入 45713 万元，利润总额 1798 万元，转包项目合同交付额 11510 万美元。

三、主要产品

中航工业成飞民机产品目标市场包括国内民机、国外转包等，主要产品分为飞机机头、舱门、活动翼面三大类，民机部件产品包括 ARJ21 新支线飞机机头、C919 大型客机机头及 TA600 机头等，转包项目覆盖了波音 737、波音 747、波音 767、波音 787 和空客 A320、A330、A380 等国际主流大型客机，以及法国达索 F7X、F2000EX 等国际主流高端大中型公务机。

公司积极开拓民机市场，参与国内、国际合作，是中国商飞（COMAC）、美国波音（BOEING）、欧洲空客（AIRBUS）、法国达索（DASSAULT）、美国沃特（VOUGHT）等国际知名航空制造企业的优质供应商。

四、产品开发与技术进步

2014 年，中航工业成飞民机建立了民机技术标准体系框架，完成了规范类别梳理，并完成装配专业标准编制及评审；建立了钣金制造、热表处理技术规范体系，完成技术规范需求表的编制；完成科技、信息化、档案相关文件的编制及发布；完成特种工艺取证准备工作；完成研发能力发展模式需求分析及周边资源分析；完成国家级实验室/中心成立可行性研究并形成可行性分析报告；完成飞机门类部件专业化装配生产线建设分析报告；完成对外信息交流平台需求分析及初步方案设计；完成副翼扰流片、A320 机轮舱、波音 737 方向舵、A321 壁板、A320 后登机门等项目 MES 应用；A321 壁板全面实现了自动钻铆，达到批生产全产量；F7X1000 壁板于 12 月完成首架自动钻铆。

2014 年，公司完成 8 项专利申报，其中包括发明专利 5 项；完成 4 项科技成果申报，获批 3 项，累计获得省部级以上科技成果一等奖 3 项、二等奖 8 项、三等奖 15 项，拥有专利 20 项、计算机软件著作权 2 项。

五、重大设施建设

中航工业成飞民机产业园一期建设中，完成了 ARJ21 专项中横向蒙皮拉伸机招标工作，完成了 C919 专项自动钻铆机及托架系统订货，完成了自动制孔系统等设备标书的编制。

中航工业成飞民机产业园二期建设中，5A 厂房按计划完成施工，完成了 4#动力站地基施工，11#厂房方案确定；化铣、氧化、荧光探伤、喷涂四条表面处理生产线进行了安装调试；大钣金生产线中五坐标蒙皮立体切割机、数控型材拉弯机等设备完成订货；C919 专项中压力试验机、光笔测量仪等设备交付使用，钛合金热成形机、数控落地镗铣床等设备完成标书编制。

另外还完成了3#厂房降噪改造、异地装配生产条件改造及配套设施等8项技措项目的实施。

（中航工业成飞民用飞机有限责任公司）

中航工业沈阳黎明航空发动机（集团）有限责任公司

一、企业基本情况

中航工业沈阳黎明航空发动机（集团）有限责任公司（简称中航工业黎明）成立于1954年3月。中航工业黎明拥有员工13200余人，其中技术、技能专家1300余人，主要产品（产业）涵盖航空发动机、燃气轮机、国际业务与民机、现代服务业等多个领域。

在新中国航空发动机历史上，中航工业黎明曾经创下了五个第一，被誉为“航空涡轮喷气发动机的摇篮”。这五个第一是：第一台航空涡轮喷气发动机、第一台地对地导弹液体火箭发动机、第一台具有完全自主知识产权的航改燃机、第一台具有完全自主知识产权的航空发动机、第一台具有完全自主知识产权的重型燃机。

目前，公司产品主要包括五大板块。军机科研与批产板块、转包与民机板块、非航空产品板块、物流板块和售后服务板块。

二、主要产品

中航工业黎明正在加工的民用航空发动机零部件主要有：机匣组件、轴类零件、环形件、槽形件、风扇盘、压气机鼓筒、钣金件、整流罩、静子壳体等。在转包机匣、鼓筒等新件的研制中，公司得到了客户方工程技术专家的大力支持，对公司的技术发展起到了积极的推动作用。同时转包首次与外方合作，在发动机敏感件喘特700转子组件方面开展合作，双方经过近一年的攻关，在2012年研制成功并顺利批产。该组件结构复杂，加工精度高（圆度0.005mm），而且还涵盖了电子束焊、精密磨、数控加工、喷漆、硝酸腐蚀、喷涂等工艺过程，该组件的完成标志着我国已具有加工敏感类转动组件能力，并形成批量能力。

现在正在承制的与工业燃气轮机有关的零件主要是热端部件，其中有：过渡段、过渡段组件、过渡段外套、火焰筒、联燃管、前套筒、喷嘴、端盖组件（CAP）等钣金件产品。

三、产品开发与技术进步

中航工业黎明的国际业务取得了一系列的技术进步。先后在发动机机匣锯齿孔加工、长轴珩磨加工、油气水路一体化燃油喷嘴组合加工、热障涂层、无磁钢管加工、钛合金金属黏结、蓝腐蚀表面处理、硅橡胶填充等重大技术上取得了突破；自制了12工位电极夹具、液压胀型装置、悬臂式送料系统等多种生产设备；完成了各种攻关课题89项，申请专利31项，其中多项创新成果填补了公司、行业和国内的技术空白。

四、国际经济技术合作

中航工业黎明依托航空制造业发展民用航空转包业务已历经多年，由当年的国际窗口日益演变成公司的重要经济型产业之一。与客户的合作由最初的一般供应商逐步发展为风险共担的战略合作伙伴，加工的零件也逐渐从简单件向复杂件、从一般件向关键件、从零件向部件和组装件乃至整机过渡。合作伙伴主要包括GE动力与水处理公司、美国GE航空公司、美国GE油气公司、英国罗罗公司、法国斯奈克玛公司、美国普惠公司、美国哈立伯顿公司、意大利艾维欧（Avio）公司、美国FMC公司等。

同时，中航工业黎明围绕抓市场、出产品、促发展的原则，理清客户关系，明确市场方向，迅速增加批产订单，扩大市场份额，已与比利时（Tachspaces）公司签署长期协议，同时与德国西门子公司的合作谈判正在进行中。中航工业黎明的国际业务在巩固前期发展成果的同时，不断开发新客户、开展新业务。

五、重大设施建设

为保证民用航空发动机业务的快速增长，近年来，中航工业黎明放飞思想，逆势而上，以融入区域经济发展圈、促进区域经济与航空工业互动发展为目标，紧紧抓住国际各大航空发动机企业大举进军中国市场的契机，围绕企业核心技术专长，组织实施重大战略转型，推行技术相关和市场相关多元发展战略。目前通过国际业务和美国通用电气能源、通用航空、普惠、罗罗、法国斯奈克玛等国际知名企业建立了广泛深入的合作，先后投资建设民用航空发动机 7 条专业化生产线，主要包括现有厂区内的盘鼓、轴、喷嘴、钣金、中小机匣 5 条专业化生产线，在沈阳出口加工区租用厂房建设大机匣和罗罗公司短轴生产线。目前，7 条生产线已全部建设完成，已形成年销售收入超过 1 亿美元以上的加工生产能力。

六、企业改革改制

为深入贯彻落实中航工业“两融、三新、五化、万亿”发展战略，提升公司经济运行总体质量，促进公司持续、健康、稳定发展，中航工业黎明对国际业务事业部和非航空产品事业部的管理与运行状况进行了全面梳理和分析。针对目前国际业务和非航空产品存在的体制、机制僵化，反应慢、效率低，制约市场化发展等方面的问题，进行了深入研讨和论证。在此基础上，制定了系统解决国际业务和非航空产品主要问题的具体措施，同时经公司研究决定，成立国际业务分公司和黎明燃气轮机分公司。

事业部体制和机制改革发展方案实施的宗旨在于，公司将按照市场化原则，通过充分放权，促进其体制机制创新，注入市场活力，催生内生动力，促进其经营方式、管理方式、产品和业务结构的根本转变，提升其市场快速反应能力和经营盈利能力，为未来公司国际业务和非航空产品的健康和可持续发展打下坚实的基础。

另外，中航工业黎明按照国家有关文件精神以及中航工业结构调整、精化主业、主辅分离的战略部署，紧紧围绕核心技术专长的进步和企业的长远发展目标，从 1999 年开始对企业内部结构实施了战略性调整，实现产权清晰、责权明确、管理科学，逐步完善形成了具有黎明特色的“整体剥离，改制分流，员工持股，内需扶持”的主辅分离改制模式。

（中航工业沈阳黎明航空发动机（集团）有限责任公司）

中航工业贵州黎阳航空发动机（集团）有限公司

一、企业基本情况

前身中航工业贵州黎阳航空动力有限公司（简称黎阳公司）隶属于中航工业发动机控股有限公司，由黎阳机械厂、新艺机械厂、红湖机械厂、贵州航空发动机研究所和黎阳航空物资公司组成。2010 年 9 月，黎阳公司整体改制组建成立了贵州黎阳航空发动机（集团）有限公司（简称中航工业黎阳），贵州黎阳航空动力有限公司则为中航工业黎阳的子公司。

1996 年第一届珠海航展期间，中航国际航空发展有限公司（简称中航国际）、贵州黎阳航空动力有限公司与法国斯奈克玛公司签订了航空发动机零部件转包合同，从此标志着黎阳公司正式进入航空发动机转包生产业务领域，中航国际和黎阳斯奈克玛开启了航空转包合作的光辉历程。为应对新形势下市场变化和客户需求，双方于 2014 年共同合资成立股份公司——贵州黎阳国际制造有限公司（简称黎阳国际）。

二、生产经营情况

2014 年中航工业黎阳实现合作项目出口交付额 7712 万美元，较 2013 年的 6607 万美元同比增长 16.7%。

三、主要产品

航空发动机零部件。CFM56 - 3/5/7 系列（A320 和波音 737 飞机）的低压涡轮零部件、风扇轴、涡轮和导向叶片；GP7200 发动机（A380 飞机）高压压气机机匣件；CF34 发动机（支线飞机）环形、结构类零件；霍尼韦尔公司钣金结构件等。

飞机零部件。空客公司、波音公司等主要型号飞机的短舱环形件。

四、产品开发与技术进步

黎阳国际以“信息化交流，数字化制造”来全面提升管理手段，提升企业核心竞争力。技术路线采取自行研发、客户验证的模式进行。利用中国航空转包工艺应用技术中心为平台，介入世界民航新机型的同步工程。同步工程是目前国际知名航空制造企业的一种通行研发模式，在新机型研发中，研发主体单位只负责设计和总成，把大量的部件外委给战略供应商负责工程实现，降低研发成本、缩短研发周期，同时战略供应商分享。

五、国际经济技术合作

黎阳国际拥有的客户包括法国斯奈克玛公司、意大利新比隆公司、美国 GE 公司、美国（UTAS）公司、美国霍尼韦尔公司、美国哈里博顿公司等。

黎阳国际计划斯奈克玛项目要进一步扩充机匣和轴类零件的领域，以此为基础向部组件供应商迈进，黎阳公司是斯奈克玛公司在中国的最大供应商，黎阳国际转包要保持这个领先的优势；重点加快发展 GE 项目的战略，争取做成中国最大的转动件供应商，成为 GE 公司的核心供应商成员；UTAS 公司的古德里奇短仓零件的研制，填补了中国转包领域的空白，黎阳国际将争取建设成中国短仓转包基地。

六、企业改革改制

中航工业贵州黎阳航空动力有限公司隶属于中航发动机有限公司，前身由黎阳机械厂、新艺机械厂、红湖机械厂、贵州航空发动机研究所和黎阳航空物资公司组成。为建立现代企业制度，规范法人治理结构，以适应新形势下公司发展的需要，2010 年 9 月，黎阳公司整体改制，组建、成立了贵州黎阳航空发动机（集团）有限公司为母公司、贵州黎阳航空发动机（集团）有限公司为子公司的黎阳航空发动机集团。

近年来，为了加速公司转型升级，公司对外贸业务的主力板块——外贸分公司引入外部投资，进行重新整合，成立了贵州黎阳国际制造有限公司，黎阳国际以黎阳动力外贸分公司成熟的出口加工业务为基础，以中航国际航空发展有限公司卓越的国际市场开发能力为牵引，吸引可能的其他投资方共同参股合资企业，实行独立经营，追求股东回报最大化，整合供应链上下游资源，利用贵阳地区航空产业集群优势和省、市、地方配套优惠政策，建设航空优异制造能力，在贵阳海关综合保税区建设航空转包工艺应用技术中心，把黎阳国际打造成贵州航空转包第一品牌。

七、重大设施建设

黎阳国际建设投资总概算为 5. 96 亿元，分三期投资。在贵阳保税区新建厂房 4 万米^2。计划搬迁工艺设备共计 177 台；新增工艺设备共计 150 台。

（中航工业贵州黎阳航空发动机（集团）有限公司）

上海飞机制造有限公司

一、企业基本情况

上海飞机制造有限公司（简称上飞公司）是中国商飞公司全资子公司和总装制造中心，注册资本 40 亿元。其前身为始建于 1950 年的空军 5703 厂，从飞机修理起步，为空海军、中国民航修理和改装了 30 多种型号、3400 多架飞机。20 世纪 70 年代以来，研制了我国自行设计、拥有自主知识产权的四发喷气式客机运 10 飞机，完成与美国原麦道飞机公司合作生产 35 架 MD－82/83 飞机的总装制造任务，并作为主制造商完成 2 架机体国产化率 70% 的 MD－90－30 干线飞机总装制造。2008 年 5 月 11 日，整建制进入中国商飞公司。2009 年 6 月 6 日，实现公司制改造，由上海飞机制造厂改制成为上海飞机制造有限公司。2014 年从业人员 4725 人。

上飞公司现有 2 家控股合资公司、1 家全资子公司，分别为于 2011 年 3 月 7 日和伊顿（中国）投资有限公司共同投资成立的伊顿上飞（上海）航空管路制造有限公司，2012 年 4 月 1 日和赛峰集团旗下拉比纳公司共同投资成立的上海赛飞航空线缆制造有限公司，2014 年 2 月 28 日由上海航空工业（集团）有限公司划转的上海翔运国际货运有限公司。

上飞公司现有两大基地。大场基地位于上海市闸北区，占地 550 亩，主要承担 ARJ21 新支线飞机的总装、交付和航空零部件转包生产等任务。浦东基地位于上海市浦东国际机场南侧上海航空产业基地内，占地 4049 亩，作为国产支线系列飞机、大型客机和未来双通道客机的制造基地，主要负责全机总装、系统集成和部分关键部件制造。

上飞公司承担我国自主研制的 C919 大型客机和 ARJ21 新支线飞机的总装制造业务，以及转包生产波音公司新一代波音 737 飞机水平安定面、空客 A320 飞机货舱门门框、波音 787 飞机着陆灯整流罩，具有大型飞机总装能力、先进的部件对接技术、国际规范的测试和校验设备、可靠的质量保证体系。主要经营民用飞机等航空器及相关产品的研制、生产、改装、交付、销售、维修、仓储、服务业务，承接飞机零部件加工生产业务，经营本公司或代理单位生产所需原辅材料、设备、仪器、备配件，技术进出口业务及相关技术开发与咨询。

上飞公司的发展战略是：围绕一个目标，即创建世界民机领域一流总装制造企业；运行两大基地，即大场基地和浦东基地；做实三大主业，即总装集成、关键零部件和转包生产、改装维修；做优四大体系，即成本管理体系、质量安全适航管理体系、技术管理体系和创新管理体系；做强五大能力，即民机总装集成能力、核心关键零部件制造能力、供应链构建与管理能力、新技术新工艺新材料应用研发能力、制造过程管控能力。

二、生产经营情况

2014 年，上飞公司全年总收入 424434 万元，工业总产值 406550 万元，工业增加值 41698 万元，出口创汇 8296 万美元。

三、主要产品

C919 大型客机项目。围绕“完成详细设计评审，全面进入试制阶段，全面展开试验验证，试飞测试开始联试，研保一期全部建成”年度目标开展研制工作。实现首架机机身成龙，完成翼身对接，总装移动生产、中机身装配、中央翼装配、水平尾翼装配、全机对接装配 5 条国际先进生产线全部建成。通过公司级详细设计评审，关键技术攻关取得重要成果，正常控制律通过初步设计评审。全面开展铁鸟试验、航电试验、工程模拟器试验等系统研发试验，在美国GE公司进行了发动机空台试验，试飞规划、适航审定、客服工程等配套研制工作有序推进。2014年珠海航展期间再获30架新订单，累计订单达到430架。

ARJ21新支线飞机项目。围绕“取得CAAC型号合格证，两架飞机达到交付状态；抓好预投产、FAA取证及改进优化、公务机技术方案等工作”年度目标完成适航取证，取得了中国民航局型号合格证。2008年首飞以来，先后攻克80余项重大技术难关，完成取证所需全部试验、试飞科目，关闭全部适航条款。稳步推进首架交付、客户服务和示范运营工作，积极开展超级经济舱、公务机等改进改型论证工作，全年新增订单26架，累计订单278架。

转包生产。全年生产波音737NG水平安定面项目324架，交付334架，准时交付165个月；生产波音787着陆灯整流罩项目73架，交付70架，准时交付17个月；生产空客A320飞机货舱门门框项目280架，发运282架，准时交付85个月。新签订波音737MAX飞机水平安定面、波音777背鳍和波音747-8前起落架舱门三个转包项目，以及空客A320飞机货舱门门框后续合同。2014年，获法国AEROLIA公司首次全球评选的最佳工作包供应商。

四、产品开发与技术进步

上飞公司全年向国家科技部、工业和信息化部和上海市科委等申报课题46次，17项预研课题立项，21项创新基金课题结题，构建了以国家商用飞机制造工程技术研究中心为依托的型号攻关和预先研究平台，完成三年专业发展规划和试验试制能力建设方案编制，复材结构件制造、智能装配等技术研发和应用取得新突破。2014年，上飞公司完成35项专利申请，获得21项授权专利，并完成《上飞公司2014—2016年科技发展规划》的编制，获得上海市高新技术企业证书。

五、企业改革改制

2014年，上飞公司整合复材与胶结资源，推进复材胶结产研一体化，组建复材胶结车间；按照事业部模式合并工装部与工装制造车间，组建工艺装备中心；调整、重组飞机交付中心和维修中心；上海翔运国际货运有限公司平稳划转进入上飞公司；初步建立了“大场—浦东”一司两地管理机制。健全股权投资管理工作流程，督促合资公司健全内控体系，伊飞公司通过BV公司AS9100C（制造）认证、厂房开工建设，赛飞公司临时厂房布局完成。

六、重大设施建设

浦东基地一期建设基本完成，部、总装厂房投入使用，保障了C919大型客机首架机结构总装开工。倒班宿舍、生产区餐厅等建设项目投入使用，水平尾翼部件装配、全机对接等自动装配工装投入使用，提升了装配效率和质量水平。ARJ21新支线飞机项目浦东基地部装厂房、技能人才实训和设备维修基地厂房建设完成立项。

（上海飞机制造有限公司）

上海飞机客户服务有限公司

一、企业基本情况

上海飞机客户服务有限公司（简称客服公司）是中国商飞公司全资子公司和客户服务中心，注册资本 8 亿元。客服公司前身为中航商用飞机有限公司客户服务部，承担了 ARJ21 新支线飞机客户服务体系建设、技术研究和全寿命客户服务。2008 年 10 月 7 日，整建制进入中国商飞公司。2012 年 12 月，被认定为国家高新技术企业。截至 2014 年年底，从业人员 660 人。

客服公司位于上海闵行紫竹高科技园区，占地 188 亩，承担我国自主研制的 C919 大型客机和 ARJ21 新支线飞机全寿命客户服务工作，以及相关的科学研究、技术创新、体系建设等工作。

客服公司的发展战略是：实现一个目标，创建国际一流航空客户服务企业；开拓两个市场，满足国内国外两个民机市场服务需求；跨越三个阶段，分别实现技术成功、市场成功和商业成功，建立国际一流的民机客户服务体系；实施四项支撑，企业文化战略、人才强企战略、信息与数字化服务战略、差异化服务战略；处理五种关系，正确认识和处理好客户服务与客户、适航当局的关系，加强与工程研发、总装制造及供应商的沟通与协调；建设六种能力，重点加强客户培训、航材支援、工程技术服务、技术出版物全寿命服务、市场与客户支援、飞行运行支援六个方面的能力。

二、生产经营情况

2014 年，客服公司全年实现营业总收入 25378 万元。

三、主要产品

客服公司的经营范围包括：民用飞机飞行、机务、乘务和签派等有关方面的训练；民用飞机航材和设备的进出口、国内外销售、租赁、维修以及仓储；民用飞机航空运输服务技术开发、技术咨询和技术服务；民用飞机维护维修零部件的加工生产业务；民用飞机技术出版物编制、出版、发行和全寿命服务；民用飞机维护维修和改装；民用航空运输范围内的技术和劳务合作，计算机软件开发、销售及售后服务；民用飞机客户服务其他相关业务。

四、产品开发与技术进步

产品开发。客服公司完成大客研保一期新增工艺设备现场验收和新支线飞机批产工艺设备 IPT 现场验收，完成大客研保一期可研经费申诉、研保二期项目建议书评审及申诉、公司零星技改的 4 个项目立项，完成三期工程项目建议书编制并通过中咨公司评审，完成国产民机四川示范产业园客户服务能力规划。

技术进步。客服公司组建民机航线安全分析实验室，成立上海民用飞机健康监控工程技术研究中心，受中国商飞公司委托加入中国工业设计协会，当选副会长单位。2014 年，开展客户服务关键技术攻关，建立客户服务领域专家库；申请国内专利 5 项（发明专利申请 1 项，外观设计专利申请 4 项），获得授权专利 4 项，申请登记软件著作权 4 项；30 项预先研究课题结题 5 项，新增国家、地方课题 11 项，其中工业和信息化部民机专项 5 项；发布 5 篇企业标准、22 项客户服务规范。

五、企业改革改制

为使客户服务更有针对性、更加专业化、更为精准化，客服公司部门设置进行了调整，将原飞行训练部拆分为新的飞行训练部和飞行运行支援部，将工程技术服务部拆分为快速响应中心和维修工程部。

（上海飞机客户服务有限公司）

空中客车（天津）总装有限公司

一、企业基本情况

空中客车（天津）总装有限公司（简称空客天津总装线）是由法国空中客车公司与天津保税区、中国航空工业集团公司组成的中方联合体共同建设的合资企业，坐落在滨海新区保税区空港经济区内，占地面积约60万米^2，建筑面积约11.4万米^2，总投资70亿元。空客天津总装线是继法国图卢兹和德国汉堡之后的第三条空客单通道飞机总装线，同时也是欧洲以外的第一条空客飞机总装线，是依照空中客车德国汉堡最先进的单通道飞机总装线进行建设的总装线。

二、生产经营情况

空客天津总装线自2009年交付首架飞机以来，截至2014年年底已累计交付飞机超过200架，达到月产4架的设计生产能力。2014年全年共交付飞机47架。

三、主要产品

空客天津总装线主要组装空客A320系列飞机，目前机型为A319和A320，二期转产后将生产A320neo。

四、产品开发与技术进步

2014年，空客天津总装线向中国东方航空公司成功交付了首架装备平视显示仪的飞机，该"首型机"的成功交付标志着空客天津总装线实现了多项创新与突破。一是在飞机构型上首次装备了平视显示仪，该设备可以将飞行导航信息显示在飞行员面前的玻璃盘上，大大提高了飞行员对飞行环境的了解，特别是在着陆等重要阶段，平显系统可以将能见度最低值从125米减小到75米，并且提供较大的视野和较高的清晰度。二是在飞机设备装配上首次以"厂家设备选装方式"装配飞机厨房，不仅提高了飞机总装工作效率，而且也为用户节约了成本。三是在生产工艺上飞机外部喷涂采用了新的喷漆系统，喷漆过程更加环保，喷涂效果更好、更持久。

五、国际经济技术合作

2014年3月，空客天津总装线二期合作计划正式确认，合作期延长至2025年，空客天津总装线将提高产能并将于2017年转产空客A320neo。10月，在天津建立空客A330飞机完成及交付中心的合作意向书正式签署，空客A330宽体机项目落户天津，推动天津市"大飞机"产品系列化发展迈出关键一步。空客天津总装线正在逐步成为空客公司的亚洲综合性中心，并将带动天津航空产业链更好地发展。

（空中客车（天津）总装有限公司）

天津波音复合材料有限公司

一、企业基本情况

天津波音复合材料有限公司（BTC）是由美国波音公司和中国航空工业集团公司共同投资兴建的合资企业，成立于1999年7月，投资总额为9700万美元，美国波音公司和中国航空工业集团公司分别拥有公司88.10%和11.90%的股权。BTC位于天津滨海高新技术产业开发区塘沽海洋科技园，总占地面积近11.5万米^2，总厂房面积约5.9万米^2（其中一期2.8万米^2，二期3.1万米^2），通过ISO14001环境认证；二期厂房在2012年获得LEED金牌绿色建筑认证。

二、生产经营情况

BTC积极拓展业务，2014年交付量比2013增长了8%，平均每月生产、交付超过14000个部件。BTC高度重视安全生产，2013—2014年连续340万小时（及连续17个月）无损失工时事故。由于在安全生产方面的出色表现，BTC荣获波音全球2014总裁安全奖，成为波音全球安全生产的先锋企业。

三、主要产品

BTC拥有当今世界最先进的航空复合材料的生产设备、车间和实验室，利用ERP、IQS等先进管理软件管理财务、采购、生产计划、质量和文件。BTC主要生产和销售用于国际商用飞机的高质量的复合材料次结构件和内装饰件，涵盖波音公司目前所有正在运营的机型（波音737、波音747、波音767、波音777、波音787）。

四、国际经济技术合作

BTC致力于与本土同行业供应商携手提升中国航空复合材料制造业，与中国航空工业集团公司的多家子公司开展了密切的合作，包括定期的技术支持和专有技术指导及现场参观学习。2014年10月为中国航空工业集团公司的两名高管提供了为期5个星期领导力及生产体系和项目管理的培训，收到了良好的反馈和积极的效果。BTC还向波音公司在中国的其他供应商提供专业支持，包括无损探伤三级的认证培训、复合材料部件维修等；支持波音中国创新中心项目管理实践分享。2014年2月举办了首届优秀供应商表彰大会，20家供应商因交付与质量的杰出贡献获得表彰。现阶段，BTC正着手将从北美的原材料采购转移到中国市场。这不仅实现了成本节约，同时也帮助BTC与本土供应商建立良好的合作关系，并实现公司业务在中国区的集中发展，积极为中国本土的经济发展做出更大的贡献。

（天津波音复合材料有限公司）

通用电气航空（苏州）有限公司

一、企业基本情况

通用电气（GE）公司是全球最大的跨行业经营的科技、制造和服务型企业之一，在全球100多个国家开展业务，员工超过30万人，被美国《财富》杂志连续六年评选为“全球最受推崇的企业”之一。通用电气航空（苏州）有限公司是由通用电气公司于2007年1月8日在苏州工业园区投资设立的全资子公司，投资总额6000多万美元，注册资本2200万美元，主要从事生产航空发动机零部件、飞机结构件和操控系统，以及售后服务。

二、生产经营情况

通用电气航空（苏州）有限公司正式投产以来，业务量不断提升，生产产品的种类不断增加，产品的附加值、产品的复杂性、生产工艺的难度和广度，以及产品生产所涉及的物料品种的计划性和复杂性都有大幅度提高。

2014年公司实现销售收入71394万元，同比增长15%，利润总额2164万。由于市场需求不断增加以及产品不断引入，公司正进入稳步发展阶段。

三、主要产品

通用电气航空（苏州）有限公司主要从事生产制造以下产品：航空发动机零部件，主要用于CF34，CFM，GE90，GEnx和leap发动机；驱动器部门的产品主要用于A320、A380和波音787飞机的起落架系统；复合材料部门的产品主要用于A320的机身和机翼部分。

四、重大设施建设

2014年通用电气航空（苏州）有限公司固定资产投入37662万元，其中80%用于生产设备投入，主要是投入复合材料A350、A320项目。

（通用电气航空（苏州）有限公司）

新宇航空制造（苏州）有限公司

一、企业基本情况

新宇航空制造（苏州）有限公司（SAM（Suzhou））是新加坡宇航制造集团（SAM）的全资子公司。新加坡宇航制造集团成立于1981年，通过在新加坡、中国、马来西亚、泰国和德国的工厂向世界上主要的航空企业供应各类航空机械制造产品。新宇航空制造（苏州）有限公司前身是1995年成立于苏州工业园区的新达精密机械（苏州）有限公司。2002年12月，SAM增加了在苏州的投资，在苏州园区出口加工区注册成立了新宇航空制造（苏州）有限公司，注册资本1200万美元，总投资额超过3600万美元。公司占地面积24000米^2，厂房面积13500米^2，现有员工360余人。在设备装备方面，SAM（Suzhou）拥有两条集排产、编程、加工和检验于一身的数控柔性制造系统；在加工工艺方面，具备多种无损探伤检测能力和特殊工艺处理技术；在制造方面，SAM（Suzhou）对镍合金、钛合金、铝合金，以及高强度的不锈钢等硬质高温合金材料进行精密加工。核心产品是飞机发动机叶片、发动机部件、发动机连接件和其他机械零部件。

二、生产经营情况

SAM（Suzhou）位于苏州园区出口加工区A区，除个别原材料在国内经客户认证的供应商处采购外，其余的原材料均采购自国外，所有的产品都销往欧美。2014年销售收入为4.06亿元，比去年同期增长10.33%。公司正处于稳步发展阶段。

三、主要产品

SAM（Suzhou）的主要产品可分为两大类：一类是飞机发动机叶片及叶片隔框，有铝合金叶片和镍合金叶片，用于普惠PW4000型发动机及通用电气CF34－8C/E型发动机。另一类是飞机发动机吊架类机械产品，其主要材质是钛合金和镍合金，成熟吊架产品应用于空客A320、A330、A340，波音747、波音777、波音787，庞巴迪（Bombardier）“挑战者”300（Challenger 300）、“环球特快”5000（Global 5000）、“环球快车”XRS（Global express XRS）等机型。

四、产品开发与技术进步

SAM（Suzhou）非常注重产品的开发与技术进步。近几年来按照顾客的产品要求生产、检验、装配成套飞机发动机的吊架和吊架主要部件，对产品的制造工艺拥有知识产权。在明确顾客对产品要求的基础上，通过运用自身的技术力量，研发出产品的生产流程和各个流程的制造工艺，并结合公司先进的制造技术，独特的检验方法，确保制造出来的飞机发动机吊架顺利通过顾客的各种首件检验要求。

公司工艺部还积极参与了罗罗公司A350XWB吊架和空客A320neo吊架产品的并行研发，从产品的工艺性和经济性方面提出了大量改进意见，为缩短产品研发周期和降低产品成本做出了贡献。

（新宇航空制造（苏州）有限公司）

厦门太古飞机工程有限公司

一、企业基本情况

厦门太古飞机工程有限公司（简称厦门太古飞机）成立于 1993 年 7 月，目前拥有 5000 余名员工。主要股东包括香港飞机工程有限公司、厦门航空工业公司、香港国泰航空公司、日本航空公司、波音商用飞机集团等。

厦门太古飞机同时参股一系列飞机零部件维修企业：厦门霍尼韦尔太古宇航有限公司、厦门豪富太古宇航有限公司、厦门太古起落架维修服务有限公司、厦门太古发动机服务有限公司、晋江太古势必锐复合材料有限公司和晋江邓禄普太古飞机轮胎有限公司。厦门太古飞机还在济南和成都两地控股建立了专精于窄体飞机维修及改造的合资企业：山东太古飞机工程有限公司和四川太古飞机工程服务有限公司。

厦门太古飞机拥有可同时容纳 1000 名学员进行技术培训的中国最大的飞机工程技术培训中心，已先后取得中国、香港、欧共体民航局的培训及考试中心资质，同时面向中国及亚洲地区的维修机构和航空公司，开设一系列根据客户自身要求量身定做的课程。

厦门太古飞机和香港飞机工程有限公司均为太古集团下属企业。

二、生产经营情况

截至 2014 年年底，厦门太古飞机拥有总资产 28.2 亿元，全年完成工业总产值 50.93 亿元，实现利润 1.95 亿元。

三、主要产品

（一）航空维修

厦门太古飞机拥有六座双宽体机位机库，大修及改装能力涵盖波音 737、波音 747、波音 757、波音 767 和波音 777，空客 A320 系列、A330、A340 及麦道 MD－11 机型。拥有最高级别（D 检）的大型检修、飞机结构改装、客舱内部翻新及改装、航电系统升级、褪漆及喷漆、客机改货机能力。

目前厦门太古飞机已完成了超过 2000 架次飞机的基地维修工作，其中包括约 900 架波音 747 飞机。

厦门太古飞机目前分别在厦门、上海、北京、天津、南京、重庆和郑州 7 地为 80 多家海内外的航空公司提供航线维修服务，也是中国第一家为 A380 飞机提供航线维修服务的维修机构。

（二）航空零部件制造

厦门太古飞机同时发展了零部件制造的能力，其中包括机加部件、钣金部件、捆装电线、波音 747－400BCF 客改货复式地板梁制造等。

（三）飞机客舱整装

厦门太古飞机在厦门建立了亚洲首个获得波音和空客批准的公务机及私人飞机客舱整装中心，填补了国内此项业务的空白，是目前亚洲第一家也是唯一一家同时获得空中客车公司和波音公司认证的公务机整装中心。

四、产品开发与技术进步

厦门太古飞机客改货开发。厦门太古飞机与美国波音公司紧密合作，攻克了众多技术难关，取得美国联邦航空局（FAA）和波音 BQMS 的认证，和合作伙伴一起参与了波音 737－700/－800 和波音 767－300 等新的改装机型的开发。客改货科研成果主要有：地板梁整装、货舱门切口定位、货舱门整装、改装流程的改进等，至今共完成了 61 架次的改装工作。下一步还将参与波音 767－300、波音 737－700/－800 等机型客改货的开发。

客舱整装。厦门太古飞机客舱整装服务可

以提供完整的一揽子客舱解决方案，包括项目管理、工程设计、供应商管理、零部件制造、安装及取证（FAA/EASA/HKCAD/CAAC）。到目前为止，客舱整装科研成果主要有：波音737、空客 A319 客舱构型设计改装，波音747－400 PTV 改装，波音 747－400 LOPA 设计等。

（厦门太古飞机工程有限公司）

威海广泰空港设备股份有限公司

一、企业基本情况

威海广泰空港设备股份有限公司（简称威海广泰）由李光太先生创办于1991年，位于山东省威海市，是从事空港地面设备及专用装备研发与制造的专业公司。

威海广泰于2007年1月在深圳证券交易所上市，公司现已通过了质量体系认证、环境体系认证等，是国家级火炬计划重点高新技术企业、国家创新型企业，拥有“国家认定企业技术中心”及“国家空港地面设备工程技术研究中心”，设立博士后科研工作站。目前，公司已获得267项技术专利，其中28项发明专利、1项美国专利、1项英国专利，拥有国家级重点新产品16项，取得国家和省部级科技进步奖34个。

威海广泰员工总数1000余人，其中“泰山学者”1人，高级职称人员30名，中级职称人员138名，硕士以上学位人员43名。公司占地57万米^2，下属子公司主要有：北京中卓时代消防装备科技有限公司、威海广泰空港电源设备有限公司、威海广泰特种车辆有限公司、威海广泰科技开发有限公司、广泰空港设备香港有限公司、威海广泰房地产开发有限公司。

二、生产经营情况

截至2014年年底，威海广泰注册资本30727万元，总资产逾25亿元，销售收入突破10亿元。

三、主要产品

经过20余年的发展，威海广泰现已形成空港地面设备、消防装备、特种车辆和电力电子四大经营板块，另有新兴军工产业、进出口、融资租赁等业务，公司产业格局已初步形成。

空港地面设备是威海广泰四大板块的母板块，是规模最大、成熟度最高、实力最强的产业板块。产品达29个系列237种型号，覆盖机场的机务、地面服务、飞机货运、场道维护、油料加注和客舱服务六大作业单元，能为一架飞机配齐所有地面设备，部分主导产品国内市场占有率达40%～60%，是全球空港地面设备品种最全的供应商。公司产品遍布中国各大航空公司、机场、飞机制造公司和试飞院，出口到亚洲、欧洲、非洲、南美洲和大洋洲的50多个国家和地区。该板块正朝着产品国际化、空港设备电动化、打造绿色空港的方向努力。

消防装备板块以北京中卓时代消防装备科技有限公司（简称中卓时代）为依托，是拉动威海广泰飞跃发展的朝阳板块。中卓时代是威海广泰2010年成功收购的全资子公司，该公司全面涉足消防车研发、生产及维修服务领域，参与编制了多项国家消防标准规范，目前产品共分为18大系列100多个品种。该板块正在向举高平台类、云梯类、抢险救援类等高端消防装备领域拓展。

威海广泰在北京、上海、深圳、成都、昆明、西安、武汉、鄂尔多斯、青岛、乌鲁木齐、拉萨、哈尔滨、长春、贵阳、呼和浩特和香港等地设立了驻外售后服务机构，实现24小时响应服务的承诺。

四、产品开发与技术进步

2014年威海广泰共完成重点新产品40项、重点改型产品36项、技术攻关项目21项、年度新增项目7项。产品开发与技术进步取得显著成效。

一是精细化设计走向深入，改变粗放、冗余、过度的设计模式，加强设计过程计算，强化对关键部件、关键技术的研究，细化评审要素。

二是加强技术成本管控，启动标准化统型

工作，减少配套件种类，在项目输入时引入目标成本，从设计源头降低产品成本。

三是以提高产品可靠性为主攻目标全面推进产品国际化，发布了《产品国际化标准》。

四是履行国家工程中心的责任，积极发挥行业领头军的角色，引领行业技术进步，参与国家标准、行业标准的编制和修订工作，2014年度主持起草的《MH/T 6019—2014 飞机地面电源机组》民航标准已发布实施；成功组织召开了“民航节能减排技术研讨和产品展示会”，为打造中国绿色空港推出八大系列产品。

五是工程实验室通过验收并投入使用，已成功对外承接各类试验任务 15 次。参照 CNAS 实验室认可准则要求，初步建成实验室质量管理体系。

（威海广泰空港设备股份有限公司）

山东太古飞机工程有限公司

一、企业基本情况

山东太古飞机工程有限公司（简称山东太古），坐落于山东济南遥墙国际机场内，于1999年3月27日正式投入运营。主要股东包括：山东航空集团有限公司、香港飞机工程有限公司、厦门太古飞机工程有限公司和北京华凯投资管理有限公司。

山东太古拥有专业完善的飞机工程资源平台，建有5座现代化机库、10个飞机定检机位，并配有完备的辅助车间、器材仓库、NDT、工装设备、停机坪站、发动机试车位等配套设施，建成民航工程技术研发中心和航空培训中心，总建筑面积7万米^2。持有包括中国（CAAC）、美国（FAA）、欧洲（EASA）、日本（JCAB）、韩国（MLTM）、澳洲（CASA）等十余个国家和地区的民航维修许可。

山东太古现有员工1500人，工程技术人员占比超过70%，建成省企业技术中心，被认定为省高新技术企业、济南市技术先进型服务企业。成立十余年来，总资产增长了10倍，营业收入增长了15倍，社会贡献率保持稳定增长。

二、生产经营情况

2014年，山东太古继续实施“调市场、调结构”经营策略，产品转型初显成效，公务机业务、机体改装、航空培训、部件制造占比逐步提升。全年实现总营业收入4.5亿元。

三、主要产品

（一）航空器维修

涵盖波音737系列、空客A320系列、庞巴迪CRJ系列、巴西ERJ系列以及主流公务机机型等。主要机型包括：波音737全系列、A320全系列、CRJ全系列、ERJ190、SAAB340B，湾流G500/550、庞巴迪“环球特快”/5000/XRS、CL600/604/605等。

（二）波音737客改货

建成美国PEMCO公司亚太地区客改货工程服务中心（PTF），保持波音737CL客改货的区域领先优势，扩展波音737－400新产品，维持波音737客改货亚太地区90%以上市场份额。

（三）零部件翻修制造

拥有全部认证机型的零部件翻修能力，以及客改货改装包配套能力，建立国内公务机新机型的机械类部件配套能力。建成CAAC的零部件制造能力（PMA）。

（四）航空培训

涵盖波音737系列、A320系列及主流公务机机型等培训能力，提供飞机维修CCAR147技能培训、岗前培训、理论培训、英语培训、实作培训及CCAR66考试等全方位服务。

（五）工程研发设计

具备成熟的CAAC认证的民用航空器改装设计委任代表（DMDOR）资质能力，能够独立实施工程咨询和工程设计。已成功开发应用卫星通信、WIFI加装、飞机小翼改装、飞机平尾改装、CRJ飞机娱乐系统拆除，以及LOPA设计等。

四、产品开发与技术进步

资质能力不断提升。新增CRJ900维修及发动机更换能力，湾流G450/G550定检及培训能力，波音737－400客改货能力，EMB190定检及客舱布局改装能力，CL605机型48月检能力，波音737NG飞机HGS4000系统加装能力（VSTC132），A319/320/321飞机CDSS加装能力（VSTC191），完成Q400定检能力申请。新增大韩航空、韩亚航空、东星航空及新加坡虎航在济南遥墙机场的航线维护放行业务。

公务机产品服务成功拓展。成立的北京山太公务机维修技术有限公司于2014年5月获得中国民用航空局 CCAR145 维修许可证，以及马恩岛、开曼群岛民航局维修资格认可，并完成瑞士 VistaJet 公司 EASA 注册下的 CL605 飞机的航线服务，拓展了产品能力。

航空培训产品实现“走出去”战略布局。与胶州职教中心签订航空培训联合办学协议，航空培训落户青岛，首次实现航空培训与职业教育的结合，为 CCAR147 培训模式的一大创新，公司航空培训业务迈向专业化、产业化、规模化。

航空部件制造得到提升。获得四项 PMA 加工制造项目：客舱非受力内饰件（金属类）、客舱非受力内饰件（塑料类）、客舱非受力内饰件（标牌类）、反推防磨片，实现制造外销。

技术研发完成多项技术攻关，推出新产品：波音 737 系列大翼后梁修理（首次提出腹板双搭接修理方案并获 OEM 波音公司批准），亚洲首架次 CRJ－700 增压地板改装，国内首架次 EMB－190 飞机客舱构型改装，首架波音 737－800 融合型翼尖小翼加装，卫星通信系统改装，CRJ 娱乐系统拆除等。

五、企业改革改制

实施安全质量文化体系工程，以 KPI 考核、安全管理和岗位职责落实为抓手，具体落实全员“保安全、提质量”方案，建立安全质量管理的长效机制，达到公司成立以来的最好安全质量水平。

精益生产项目成功试点，培养了专业精益生产团队，生产流程优化显现成效，全年核算理论 BUOEI 同比上升 5 个百分点，为精益生产全面实施提供了数据支撑。

实施深度信息化建设，成功研发公务机工程管理平台，实现了工程文档、指令生成及预警自动管理。实施机位无线网络建设，实现了无线终端资料查询、信息传递等，提高了生产效率。

建立职业行为风险测评体系，以系统测评的智能化方式进行员工职业倾向预测，针对性开发员工的发展潜能，采取差异化职业发展策略，提升人员效能。

实施精品航线应急支援（AOG）品牌战略，打造精英人员组成的精品 AOG 团队，提升“雪中送炭”的 AOG 服务理念，以“快速高效、攻坚克难、用心服务、再创辉煌”为服务宗旨，面向全球提供精品 AOG 服务。

（山东太古飞机工程有限公司）

珠海保税区摩天宇航空发动机维修有限公司

一、企业基本情况

珠海保税区摩天宇航空发动机维修有限公司（简称珠海摩天宇），是中国南方航空公司与德国 MTU 航空发动机公司（MTU Aero Engines AG）各出资 50% 共同组建的中外合资企业。公司落户于珠海保税区，总投资 1.89 亿美元，合资期限为 30 年。自 2003 年 1 月正式营运以来，已先后获得中国民用航空局（CAAC）、欧洲航空安全局（EASA）、美国联邦航空局（FAA）、日本民用航空局（JCAB），以及巴西、沙特阿拉伯、印度尼西亚、印度、越南、泰国、菲律宾、智利、卡塔尔、新加坡和马来西亚等国家的适航维修许可证。公司的客户遍布中国、亚洲以及欧美各国。珠海摩天宇占地总面积达 156000 米^2，建筑面积约 42000 米^2，为国内迄今为止投资规模最大、维修等级最高的民用航空发动机维修基地，在册员工 684 名。

二、生产经营情况

2014 年公司修理了 215 台发动机，产值 38.9 亿元，较 2013 年的产值 32.6 亿元增长了 19.3%。

三、主要产品

珠海摩天宇的主要产品包括 V2500－A5 和 CFM56－3、CFM56－5B、CFM56－7B 四个型号发动机的维护、修理和翻修。除了发动机的修理和翻修外，珠海摩天宇还向客户提供多种附加服务，如备用发动机租赁、现场及在翼维修、航线可更换件支持（LRU）和 24 小时航线应急支援（AOG）。

公司提供的服务包括：V2500 和 CFM56 系列发动机的改装、升级、修理和大修；向原 OEM 保修索赔（新发动机保修期内）；发动机零部件修理；现场技术支持；工程技术支持；24 小时/365 天航线应急支援；备用发动机租赁；航线应急支援备件服务；量身定制的维修方案；发动机在翼服务；EGT 裕度、固定价格担保；固定价格/发动机飞行小时包修。

四、产品开发与技术进步

珠海摩天宇于 2001 年 4 月 6 日取得营业执照，同年 5 月工程正式动工并于 2002 年 11 月主体工程竣工；2003 年，第一台 V2500 及第一台 CFM56－3 发动机相继进厂维修，标志着工厂正式投产运营。2006 年，第一台 CFM56－5B 及第一台 CFM56－7B 的进厂维修，使公司具备了维修 CFM 全系列发动机的能力。2008 年中，公司迎来了第 500 台发动机的进厂。2012 年 11 月完成厂房二期扩建工程项目，目前产能达到年维修 300 台发动机。2014 年，公司开发了 CFM34－10 发动机的在翼维修能力。

五、国际经济技术合作

最近几年，珠海摩天宇不断深化全球化市场布局和资源整合，关注中东、美洲、东亚和东南亚等市场的扩张机会，力推企业战略和战术层面的工作协同，从“组织、资源、效率”入手，推进公司组织架构、产品、生产流程的优化，提升了公司的业务管理和资源运营效率；稳步推进发动机的租赁业务，开展发动机小时保修的服务新模式，加大科技创新和投入，进一步推进公司国际化进程。

为突破发动机维修的技术壁垒，提高珠海摩天宇的维修能力，珠海摩天宇与 MTU 集团旗下的 6 家企业在资源、能力、技术、管理、营销、服务、人力资源等方面开展广泛的合作，通过与 MTU 各维修基地之间进行全面的技术交流和技术项目转让，珠海摩天宇在零部件清洗、高压水剥离、无损探伤检测、表面处理、焊接、机加工、等离子喷涂、热处理、电镀、涂层剥离和高速磨削等方面具备了行业内高技术能力，能够为客户提供 MTU 全球标准的维修质量和创新服务。

MTU 各维修厂之间广泛的经验和技术交流使珠海摩天宇的修理技术得到不断完善，各维修厂也互相取长补短。由此，客户不但能受益于 MTU 掌握的发动机原厂商专业知识，而且能享受到 MTU 提供的客户至上的优质服务。

六、重大设施建设

珠海摩天宇的试车台是当今世界上最大、最先进的试车台之一。试车台长 100 米，中部宽、高均为 13 米，进气道和排气道高 30 米，适用于推力在 15 万磅力范围内所有类型商务航空发动机的测试，测试能力可达每年 500 台。

（珠海保税区摩天宇航空发动机维修有限公司）

广州飞机维修工程有限公司

一、企业基本情况

广州飞机维修工程有限公司（GAMECO）是目前国内排名前列的大型综合性民航维修企业，公司成立于1989年10月28日，总部位于广州白云国际机场，注册资本6500万美元，是由中国南方航空股份有限公司（简称南航）、和记黄埔飞机维修投资（香港）有限公司及南华国际飞机工程（香港）有限公司共同合资经营，其中中国南方航空股份有限公司持有50%的股份，南华国际飞机工程（香港）有限公司、和记黄埔飞机维修投资（香港）有限公司各持25%的股份。公司现有员工人数4615人，其中大专学历以上员工约占78%。

GAMECO拥有中国民用航空局（CAAC）、美国联邦航空局（FAA）、欧洲航空安全局（EASA）等20个国家和地区适航当局批准的民用航空器维修许可证，具备飞机大修及改装、航线维修、附件维修、工程技术服务、航材管理服务和培训服务等全面的维修服务能力。

GAMECO在广州的维修设施主要分成三个部分：位于广州市区（旧机场）2万多米^{2}的附件维修中心；位于广州白云国际机场候机楼约2000米^{2}的航线维修设施；位于广州白云国际机场北区约16.2万米^{2}的公司总部设施（包括两座飞机大修机库及相关设施）。

一期飞机维修机库为中国跨度最大的桁架结构机库，机库总跨度350米，总建筑面积9.6万米^2，可同时容纳4架宽体飞机（波音747和空客A380）和5架窄体飞机（波音737、波音757和空客A320）在内维修。同时拥有一个独立的全天候（可调节温度和湿度）喷漆机库，可容纳一架A380或波音747飞机。此外，还包括约4000米^{2}拥有先进环境控制系统的航材仓库和2000米^{2}的公共保税仓。二期机库建筑面积6.6万米^2，可以同时为8架窄体飞机开展定检维修。

除广州总部外，2014年7月GAMECO重庆分公司正式成立，分公司承接重庆航空、南航及第三方航空公司的航线维修业务。

二、生产经营情况

2014年，GAMECO开始实施新的MRO大修运作模式——功能组运作模式，新模式带来了服务提升、正点率提升，实现了年度安全控制目标，成功保障南航广州基地120架飞机、重庆航空11架飞机的运行。全年完成飞机C检208架次，飞机出港航班放行可靠度达99.84%。

2014年GAMECO完成第三方国际客户的飞机维修94架次，创历史新高，全年第三方客户的业务量同比增长了15%，第三方业务占比达23.8%，同比提高了3%。第三方客户除国际知名货运航空公司之外，还包括韩亚航空、冰岛航空、菲律宾航空、柬埔寨百善航空、马尔代夫航空、俄罗斯航空等国际客户。

2014年GAMECO再次荣获“中国最佳MRO”称号，这是该公司连续三年获此殊荣。

三、主要产品

GAMECO的主要业务是为中外航空公司提供高质量、快捷及经济的飞机维修服务。经营范围包括：航线和周期性维护及特种检查；结构修理及零件翻修；APU及发动机热部件、冷部件检修及单元体更换和检修；适航及服务改装；飞机损伤修理；飞机翻新、喷漆、内部装修；提供特种车辆服务和维修，地面设备修理、制造及零备件加工；外来加工，外来咨询，外来培训及其他技术工程；航空器材进出口销售（涉及许可证管理和专项规定的按有关规定经营）；航空器材仓储、工具设备租赁及自制专用工具设备销售。

其中飞机维修业务所涵盖的机型包括波音737、波音747、波音757、波音767、波音777，空客A300、A310、A319、A320、A321、A330、A380，EMB145和ERJ190等目前国内常见机型。

同时，GAMECO附件维修能力覆盖液压、气动、燃油、飞行操纵、机载应急设备、起落架、机轮/刹车、无线电、机载计算机、仪表、娱乐系统、发电机、电气附件等几乎全部附件种类，拥有国内最完备的飞机附件维修能力。

四、产品开发与技术进步

2014年，GAMECO全年科技创新项目立项30项。专利申请总量达到69项，其中发明专利21项、实用新型专利45项、外观设计3项。2014年新增发明专利授权4项、实用新型专利授权10项。

GAMECO全面推进信息化建设工作，深化M&E（维修工程信息系统）系统在航材、大修和航线部门的应用，同时重点推进M&E系统在附件业务中心的推广应用。新数据中心的正式启用标志着GAMECO的信息化基础建设升级进入双活数据中心的新时代。

2014年11月21日，GAMECO圆满完成了首台FMC300型飞机无杆牵引车整车大修工作，交付中国国际航空公司重庆分公司。这标志着GAMECO在地面支援设备维修方面的发展取得了全新的突破进展，填补了公司经营维修范围中对特种车辆维修的空白。

维修能力建设方面，GAMECO获得CAAC和FAA737NG CFM56－7反推组件翻修能力维修许可。该反推组件翻修项目是GAMECO 2014年科技创新立项项目，该能力的建立是继CFM56/V2500/RB211发动机燃调、波音737/空客A320系列起落架翻修能力等科技创新项目后又一重大突破项目。另外，GAMECO完成波音787飞机在中国大陆的首次更换发动机工作；首次完成波音737CL型飞机加装并激活第二套飞行管理计算机系统。

五、重大基础设施建设

GAMECO清远起落架大修基地项目奠基仪式于2014年12月8日在清远清新区举行。该项目初始投资2亿元，分为盈富厂区和龙湾厂区。其中盈富厂区占地45亩，首期工程开发总建筑面积10818米^2，用于建设起落架分解、清洁、修理、组装、测试厂房及配套生活设施。

（广州飞机维修工程有限公司）

深圳中集天达空港设备有限公司

一、企业基本情况

深圳中集天达空港设备有限公司（简称中集天达）成立于1992年，隶属于中国国际海运集装箱（集团）股份有限公司，是一家专门从事空港设备和现代物流设备开发、设计、制造、咨询及维修的专业化公司。主要产品有全系列旅客登机桥、港口旅客登船桥、机场航空货物处理系统、行李处理系统、飞机泊位引导系统、站坪特种车辆（摆渡车、食品车、升降平台车和军用货物装卸运输平台等）、自动化仓储物流系统、自动化立体停车系统等。

截至目前，中集天达已为全球50多个国家的机场提供3000多台品质优良的登机桥产品及航空货物处理系统设备，登机桥国内市场占有率达90%以上，并成为中国第一个出口大型空港设备的厂家，在世界行业排名综合实力第一，全球市场份额近40%。目前，中集天达在欧洲已交付和正在交付的订单总量超过50%的市场份额。

在航空货物处理系统领域，中集天达承接了国内外数十个机场的航空货物处理系统项目，其中包括全球规模第二大、近10年世界最大的上海浦东机场货运处理系统和全球规模第三大的广州新机场南航货物处理系统。经过多年的发展，中集天达保持了在这一领域内全球前三的市场地位。

在机场特种车辆领域，机场摆渡车销量全球第二、中国第一，飞机升降平台车、除冰雪车、食品车等也取得了良好的市场业绩，并在大型机场设备的国际市场竖立了中国的民族品牌。

除机场地面设备外，凭借丰富经验和综合技术实力，中集天达将业务延伸至自动化物流集成系统、立体停车系统等领域，取得了一定的市场业绩，打造了良好的品牌形象。

二、主要产品

中集天达的主要产品有旅客登机桥、空港自动化物流处理系统、旅客登船桥、航空货物处理系统、现代物流仓储系统、自动化立体停车系统、航空食品车和军用货物装卸运输平台等。

三、产品开发与技术进步

中集天达具有丰富的开发经验和较强的技术创新能力，研发中心是深圳市级技术中心。已获得授权和在申请的各项专利255项，发明专利申请168项，目前已获得授权专利163项。

中集天达重视研发投入，自2008年以来，每年投入的研发费用总额逐年增加，截止到2014年12月，研发费用的投入总额约4028万元。

中集天达技术研发中心成立于2005年，是经过深圳市认定的市级技术中心，拥有完善的组织架构，主要包括技术委员会、PBB技术部、工程技术部、技术管理部、工艺部、质量和认证部、信息部、研究发展部等重要部门，职能齐全。技术中心实行主任负责制，由总经理担任中心主任；成立了技术委员会，成员包括：公司总经理、总工程师等共11人。该委员会负责研究产品技术开发方向、重点课题和经费预算等重大问题的决策，制定年度计划，并对技术中心的工作绩效进行评估。

在自主创新的同时，中集天达与武汉理工大学、兰州交通大学、电子科技大学、华中科大等国内顶级科研单位合作，进行关键技术联合攻关和产品试运行，形成了从需求采集、模型设计、开发实现到实践应用的成熟、稳健的技术研发体系。

中集天达拥有一个电气开发实验室，该实验室由中集天达技术研发中心、日本三菱电气公司（MITSUBUSHI）、德国西门子电气公司（SIEMENS）、法国施耐德电气公司（Schneider Electric）、日本 DIGITAL 电气公司（Pro－face）和美国组态软件 Intellution 公司共同组建。公司先后开发出各种登机桥的控制系统，A380 高桥四轮驱动控制系统，双桥/三桥防撞控制系统等世界领先技术。在机电控制、自动控制系统、工业通信系统等方面有着近 20 年的科研经验。公司同时采用“ANSYS/ ANSYS WORKBENCH V11”、“ROBOT MILLENNIUM V. 20. 1”等先进结构分析软件，为设计工作提供了强有力的支持。

四、企业改革改制

近年来，中集天达大力拓展空港板块业务，从 2012 年起，已成功收购民航协发机场设备有限公司（国内机场摆渡车龙头制造企业）、法国 Air Marrel 公司（全球第四大飞机舱装载平台车制造商）、德国西格那（Ziegler）集团（全球前五大消防救援车辆及器材供应商）、新加坡德利国际有限公司（亚洲第一航空物流设备制造商）。

中集天达结合自身实际情况，参考先进的 IPD 产品开发流程，建立了一套高效、创新、严谨、实用的产品研发管理流程，使公司的各项市场、研发资源利用率和管理水平上升到一个新的台阶。

中集天达建立了研发人员绩效考核和激励制度，不仅进行绩效考核而且进行绩效管理，建立了个人职业发展通道。年度绩效与个人激励和发展相联系。

中集天达制定了研发费用财务核算制度，以加强对研发投入各个环节的管理，提高研发资金利用率。

（深圳中集天达空港设备有限公司）

广州航新航空科技股份有限公司

一、企业基本情况

广州航新航空科技股份有限公司（简称航新）创建于1994年，是一家专业提供军民用航空设备和技术服务的高新技术企业，致力于为客户提供优质航空产品和全方位满意服务。

航新总部位于广州科学城，占地面积20亩，旗下有广州、上海、哈尔滨、天津、香港五家子公司，并设有省级企业技术中心、省级工程中心，主要业务涵盖机载设备研制、ATE（自动测试设备）研制及系统集成、航空维修支持、飞机加改装及军民一体化保障。

航新是中国航空兵部队机载设备、ATE及系统集成的重要科研生产基地之一，具有武器装备科研生产许可证等一系列军工认证，并依此建立了一套严格规范的产品质量管理体系和保密管理制度，为研制和保障国防武器装备打下了坚实的基础。

作为拥有包括中国CAAC、美国FAA、欧洲EASA等在内的多项全球主要适航体系认证的MRO企业，并作为波音公司在华首批授权维修服务商，航新具备涵盖波音、空客等40多种民机和各种军用飞机及通航飞机电子、机械部附件的维修能力。同时，由于在质量、维修周期和服务方面表现优异，英国BAE系统公司、赛科阀门有限公司（CIRCOR）、Kidde Aerospace、Universal Avionics等多家国际知名原始设备制造商（OEM）授权航新为其维修中心，为中国及周边国家提供一站式服务。

凭借机载设备研制和维修的雄厚实力，航新为多家用户完成了空中防撞计算机、近地警告计算机、应答机、甚高频电台、应急定位发射机、飞行参数记录系统等加改装任务。依托成熟的加改装团队和多年技术积累及完备的售后服务，航新被某部确定为“军民一体化装备维修保障”试点单位，先后参加了2008年奥运会安保工程和国庆60周年阅兵保障工程，被某部评为“一体化保障典范”和“技术支援保障优质单位”。

二、生产经营情况

2014年，航新实现营业总收入5.1亿元，净利润9189万元，上缴税费5406万元，资产负债率47.32%。

三、主要产品

目前，航新主导产品包括综合维修检测系统和飞行参数记录系统，其中，综合维修检测系统的市场占有率达60%，飞行参数记录系统的市场占有率达近20%，全国排名领先。从核心技术角度看，航新股份在该行业领域处于领先地位。

（一）航空维修

航新提倡知识共享、信息共享、智慧共享，建设有共同价值观和行为规范的团队。其管理和核心技术人员均来自主机厂所和大型航空企业，从事过飞机设计、维护等工作，掌握了先进的航空产品技术和管理知识，并积累了丰富的技术经验和设备保障经验。

多年来，航新与国内多家龙头军工企业建立战略合作伙伴关系，在ATE产品研制方面已成功开发了上百套高性能的专用测试设备、综合测试设备、自动测试设备、原位检测设备、通用检测设备及测试程序集，在中国同行业中处于领先地位。同时，ATE产品广泛吸纳国际先进总线、虚拟仿真、嵌入式计算机、综合诊断和完好性设计等技术，在技术方面具有很强的优势。

航新在军机、通航飞机维修领域有10余年的维修经验。凭借维修军用航空机载设备起家的优势，航新拥有覆盖各种军用飞机和通航飞机电子、机械部附件的维修能力，军机维修能力达2500多项，并成为米－26直升机在国内唯一具备维修能力且符合中国民用航空局（CAAC）适航要求的企业。

凭借机载设备研制和维修的雄厚实力，航新为多家用户完成了空中防撞计算机、近地警告计算机、应答机、甚高频电台、应急定位发射机、飞行参数记录系统等加改装任务，可为用户提供整套工程解决方案。

（二）机载设备和检测设备

机载设备。多型号、不同系列飞行参数记录系统；飞行管理数据打印机；闭锁铰链控制盒；音频控制面板等。

检测设备。专用测试设备、综合测试设备、自动测试设备、原位检测设备、通用检测设备及测试程序集。

四、产品开发与技术进步

航新始终坚持技术创新战略，把开发一代、经营一代、储备一代作为公司的技术发展指导思想。

（一）研究开发人员

航新拥有强大的技术研发团队，现有大专学历以上的研发人员580余人，其中80余人具有高级职称，160余人具有中级职称。同时，为即时响应客户在相关项目方面的需求，公司还与中科院广州自动化所、国家航空研究院所等研究机构建立良好的沟通渠道，对市场和产品技术产生一定的主导和影响力。

（二）研发设备

航新具有雄厚的技术设备基础。多年来，航新一直从事航空部附件的维修，机载电子设备、自动检测设备的研制和产品的制造生产。公司自主研发了多种国内先进的自动检测设备，还成功研制了飞行数据打印机、音频控制板、飞行参数记录系统、高压电源组件、振动测量仪、音频记录器、娱乐系统液晶监视器等机载设备。先进的自动检测设备及机载产品研制过程中累计的大量仪器设备，为公司各项目的研发提供了强有力的设备保障。

（三）研发经费投入

近三年，航新大力加强了技术创新投入力度和强度，研发投入均占销售收入8.5%以上。

（四）承担项目

2009年，承担广州经济技术开发区重点科技攻关计划项目（米－171系列直升机机载设备综合维修检测系统），已顺利通过验收。

2010年，承担广州市经贸委2010年度广州市技术创新专项资金项目（广播式自动相关监视（ADS－B）系统）。

2011年，承担国家火炬计划项目（机载设备综合维修检测系统）。

2011年，承担中央地方特色产业中小企业发展资金项目（雷电探测预警系统）。

2011年，承担广东省科技厅战略性新兴产业核心技术攻关专项。

2013年，承担广州市发改委战略性新兴产业示范工程专项。

（五）研究成果

航新自2008年以来相继申请了70多项知识产权，其中包括近20余项专利，自动测试系统、自动测试软件、无线电罗盘测试软件、塔康精密测距机载设备测试软件、全自动数字开调测试软件、无线电高度表测试软件、模块化通用测试系统、无线电高度收发机测试软件等综合检测领域50多项软件著作权。

（广州航新航空科技股份有限公司）

中国民用航空工业企事业单位名单

单位名称	所属集团	登记注册类型	控股情况	主要民用航空产品
总计（147 家）				
北京（13 家）				
北京青云航空仪表有限公司	中航工业	国有独资公司	国有控股	航空仪表
北京航空材料研究院	中航工业	国有	国有控股	复合材料制件飞机垂尾、壳体，橡胶胶料及制品，高温合金及铸件，密封材料，涂料，航空焊条
北京航科发动机控制系统科技有限公司	中航工业	其他有限责任公司	国有控股	航空摇臂系列
中航复合材料有限责任公司	中航工业	其他有限责任公司	国有控股	树脂预浸料，蜂窝，树脂
北京民用飞机技术研究中心	中国商飞	国有	国有控股	民用飞机关键技术研究，民用飞机基础技术研究，相关技术服务
海鹰航空通用装备有限责任公司	航天科工	国有	国有控股	HW－110 无人机，HW－210 无人机，HW－220 无人机
北京动力机械研究所	航天科工	国有	国有控股	航空发动机
北京北摩高科摩擦材料有限责任公司		其他有限责任公司	私人控股	波音飞机刹车盘，空客系列飞机刹车盘，麦道飞机刹车盘，伊尔飞机刹车盘，运 7、运 8 飞机刹车盘
北京安达维尔科技有限公司		私营有限责任公司	私人控股	测试设备的研制，电子部附件的维修
北京金轮坤天特种机械有限公司		其他有限责任公司	国有控股	飞机牵引车
北京浩天翼航空技术有限公司		其他有限责任公司	私人控股	HW13 型小型无人机，HW18 型无人机，HW30 型水上无人机
北京科源轻型飞机实业有限公司		其他有限责任公司	私人控股	AD200 系列轻型飞机设计制造，航空电子通信设备机械设备制造，AD 系列轻型飞机技术知识
北京中航智科技有限公司		其他有限责任公司	私人控股	TD220 无人直升机，TC 无人直升机，TL 自动激光驱鸟器
天津（11 家）				
天津航空机电有限公司	中航工业	国有独资公司	国有控股	断路器，继电器

续表

单位名称	所属集团	登记注册类型	控股情况	主要民用航空产品
航天精工股份有限公司	航天科工	股份有限公司	国有控股	承力快卸锁，高锁螺栓，高锁螺母，六角头螺栓，沉头螺栓
天津波音复合材料有限责任公司		中外合资经营	外商控股	航空复合材料次受力件，内装饰件
天津华翼蓝天科技有限公司		私营有限责任公司	私人控股	飞行训练器，维护训练器，工程仿真设备
天津全华时代航天科技发展有限公司		私营有限责任公司	私人控股	“双头鹰”无人机系统，“蝠鲼”无人机系统，“吉祥鸟”无人机，多旋翼无人机，“猎鹰”无人机
空中客车（天津）总装有限公司		中外合资经营	外商控股	空客 A319
西飞国际航空制造（天津）有限公司		国有独资公司	国有控股	A320 飞机机翼的总装生产
PPG 航空材料（天津）总装有限公司		港澳台商独资	外商控股	航空涂料
古德里奇航空结构服务中国有限公司		外资企业	外商控股	飞机发动机部件
天津航天中为数据系统科技有限公司		其他有限责任公司	国有控股	应用软件服务
中孚航空科技（天津）有限公司		私营有限责任公司	私人控股	多旋翼无人机，固定翼无人机
河北（3 家）				
惠阳航空螺旋桨有限责任公司	中航工业	其他有限责任公司	国有控股	直升机动部件
华北飞机工业有限公司	中航工业	国有独资公司	国有控股	运 5B 飞机，“小鹰”500 飞机，赛斯纳 208B 飞机
中国电子科技集团公司第 54 研究所	中国电科	国有	国有控股	“北斗”终端
山西（3 家）				
太原太航科技有限公司	中航工业	国有	国有控股	气压仪，动静压监测仪，数字压力计，大气传感器，压力校验仪
太原航空仪表有限公司	中航工业	国有独资公司	国有控股	航空仪表，敏感元件
山西微风无人系统科技有限公司		其他有限责任公司	私人控股	WH30 无人机，WH80 无人机，WX04 无人机，WX06 无人机，WX08 无人机
辽宁（3 家）				
沈阳黎明航空发动机（集团）有限责任公司	中航工业	其他有限责任公司	国有控股	航空零部件转包生产
沈阳飞机工业（集团）有限公司	中航工业	其他有限责任公司	国有控股	ARJ 项目，Q400 项目，转包生产

续表

单位名称	所属集团	登记注册类型	控股情况	主要民用航空产品
沈飞民用飞机有限责任公司	中航工业	其他有限责任公司	国有控股	ECD应急舱门，波音787垂尾前缘，Q400机身段，ARJ大部件，C919大部件
吉林（1家）				
吉林航空维修有限责任公司	中航工业	国有独资公司	国有控股	民用飞机修理，国产支线飞机ARJ21零备件制造及修理
黑龙江（2家）				
哈尔滨东安发动机（集团）有限公司	中航工业	国有独资公司	国有控股	直升机传动系统，发动机修理
哈尔滨飞机工业集团有限责任公司	中航工业	其他有限责任公司	国有控股	AC312民用直升机，运12飞机
上海（7家）				
上海航空测控技术研究所	中航工业	国有	国有控股	C919飞机的机载娱乐系统、客舱核心系统、飞机信息系统，ARJ21驾驶舱门监视系统
中国航空无线电电子研究所	中航工业	国有独资公司	国有控股	航空电子系统总体与航电核心分系统研发
上海飞机制造有限公司	中国商飞	国有独资公司	国有控股	航空零部件转包生产，飞机制造
上海飞机客户服务有限公司	中国商飞	国有独资公司	国有控股	民用飞机客户服务相关业务
上海飞机设计研究所	中国商飞	国有	国有控股	ARJ21飞机和大型客机的设计、试验、预研及关键技术攻关
上海航空工业（集团）有限公司	中国商飞	国有独资公司	国有控股	民用飞机基础能力研究
中国商用飞机有限责任公司（本部）	中国商飞	其他有限责任公司	国有控股	C919大型客机，ARJ21新支线飞机
江苏（16家）				
宏光空降装备有限公司	中航工业	国有	国有控股	热气球，牵引升空伞，山坡伞
金城南京机电液压工程研究中心	中航工业	国有	国有控股	航空机载机电液压综合控制系统的研究
中国电子科技集团公司第28研究所	中国电科	国有	国有控股	民航空管系统
中国电子科技集团公司第14研究所	中国电科	国有	国有控股	二次雷达，机场C波段天气雷达
南京长江电子信息产业集团有限公司		其他有限责任公司	国有控股	航管雷达
南京大桥机器有限公司		股份有限公司	私人控股	高空气象探测雷达，卫星云图接收设备，数字式电子探空仪
南京航申科技有限公司		私营合伙	私人控股	飞机燃油系统零件
南京全信传输科技股份有限公司		股份有限公司	私人控股	QLA系列传输线

续表

单位名称	所属集团	登记注册类型	控股情况	主要民用航空产品
江苏金陵机械制造总厂		国有	国有控股	民用飞机修理
无锡翼龙航空设备有限公司		私营有限责任公司	私人控股	航空器用翻新轮胎
无锡压缩机股份有限公司		股份有限公司	集体控股	飞机充氧车，飞机气源车，飞机空调车
无锡透平叶片有限公司		国有独资公司	国有控股	铝合金 OGV 导叶，发动机低压压气机盘
昆山新宇航航空器材有限公司		私营有限责任公司	私人控股	航空机载设备维修
新宇航空制造（苏州）有限公司		外资企业	外商控股	飞机发动机吊架，飞机发动机叶片，飞机发动机风扇隔框，其他发动机配件
通用电气航空系统（苏州）有限公司		外资企业	外商控股	飞机发动机零部件，飞机零部件
江苏希西维轴承有限责任公司		中外合资经营	外商控股	向心关节轴承，杆端关节轴承，舱门拉杆组件
浙江（9 家）				
浙江圣奇运动器械制造有限公司		私营有限责任公司	私人控股	后蒙皮，整体肋，加强板，肋接头，散件包，肋加强件
浙江金马逊机械有限公司		私营有限责任公司	私人控股	数控弯管机，管子缩口机床
杭州天扬机械有限公司		其他有限责任公司	私人控股	飞机起落架零件
浙江西子航空工业有限公司		私营有限责任公司	私人控股	APU 舱门，RAT 舱门，飞机舱门，金属零件，金属部件
浙江中欣动力测控技术有限公司		私营有限责任公司	集体控股	润滑油金属屑末监测器
宁波沥高复合材料有限公司		其他有限责任公司	国有控股	机身板件，机翼板件
宁波捷德航空技术有限公司		私营独资	私人控股	AC311 直升机，新普利斯（SIMPLEX）灭火设备，西锐飞机，空客直升机，贝尔直升机
浙江日发航空数字装备有限责任公司		其他有限责任公司	外商控股	复合材料加工设备，飞机大部件数字化装配生产线，壁板类零件自动钻铆设备
雅港（嘉兴）复合材料有限公司		港澳台商独资	私人控股	芳纶蜂窝，飞机地板，飞机隔板
安徽（1 家）				
中航工业合肥江航飞机装备有限公司	中航工业	国有独资公司	国有控股	飞机副油箱，波纹管
福建（1 家）				
厦门太古飞机工程有限公司		与港澳台商合资经营	港澳台商投资	维修

续表

单位名称	所属集团	登记注册类型	控股情况	主要民用航空产品
江西（4家）				
江西洪都航空工业股份有限公司	中航工业	股份有限公司	国有控股	波音787项目构件，C919锻件，波音747零部件转包，农5B（试制），农5A
昌河飞机工业（集团）有限责任公司	中航工业	国有独资公司	国有控股	S76直升机（转包），尾斜梁
江西昌河航空工业有限公司	中航工业	国有独资公司	国有控股	A109直升机转包生产
江西洪都航空工业（集团）有限责任公司	中航工业	国有独资公司	国有控股	C919航空转包
山东（8家）				
济南特种结构研究所	中航工业	国有	国有控股	雷达罩，复合材料结构件
山东艾诺仪器有限公司		私营有限责任公司	私人控股	飞机地面静变电源
山东太古飞机工程有限公司		与港澳台商合资经营	国有控股	波音737系列、空客A320系列、CRJ200和CRJ700维修
威海广泰空港设备股份有限公司		股份有限公司	私人控股	升降平台车，客梯车，电源车，清水车，除冰车，除雪车
山东滨奥飞机制造有限公司		中外合资经营	股份合作	DA40飞机
山东翔宇航空技术服务有限责任公司		私营独资	私人控股	飞机部分部附件修理
东方蓝天钛金科技有限公司		国有	国有控股	合金紧固件，结构件
山东中航和辉航空标准件有限责任公司		其他有限责任公司	私人控股	铝合金铆钉
河南（1家）				
新乡航空工业（集团）有限公司	中航工业	国有独资公司	国有控股	增压泵，单向阀，散热器，引射泵，油滤，过滤器
湖北（7家）				
航宇救生装备有限公司	中航工业	国有	国有控股	民机座椅，民机内饰，热气球，滑翔伞，其他飞行器
中国特种飞行器研究所	中航工业	国有	国有控股	A2C超轻型小飞机
武汉航空仪表有限责任公司	中航工业	国有独资公司	国有控股	结冰信号器，压力表
湖北易瓦特科技有限公司		私营有限责任公司	私人控股	无人直升机，固定翼无人机，多旋翼无人机
武汉航达航空科技发展有限公司		股份有限公司	私人控股	航空液压附件，航空气动附件，航空机电附件，机场加油设备
凌云科技集团有限责任公司		国有独资公司	国有控股	EMB145飞机修理，MA60系列飞机修理，波音737NG飞机修理
湖北超卓航空技术有限公司		私营有限责任公司	私人控股	飞机的维修与服务

续表

单位名称	所属集团	登记注册类型	控股情况	主要民用航空产品
湖南（6家）				
中航飞机起落架有限责任公司	中航工业	其他有限责任公司	国有控股	防扭臂
国营长江动力机械厂	中航工业	国有	国有控股	航空发动机零部件
长沙中传机械有限公司	中航工业	国有独资公司	国有控股	中尾减速器，转包齿轮
中国南方航空工业（集团）有限公司	中航工业	国有独资公司	国有控股	转包生产，民用航空发动机
湖南博云新材料股份有限公司		股份有限公司	国有控股	波音757刹车副，2612刹车盘，1587刹车副，A320刹车副，ERJ190刹车副，“新舟”60刹车副
湖南山河智能装备股份有限公司		私营股份有限公司	私人控股	Aurara轻型飞机，动力三角翼，SVU220无人直升机，SUF30航拍无人机
广东（10家）				
中航通飞华南飞机工业有限公司	中航工业	国有独资公司	国有控股	赛斯纳“奖状”XLS+，西锐SR2X公务机等
中航通飞研究院有限公司	中航工业	国有	国有控股	机载遥测发射系统，遥测地面站系统
广州飞机维修工程有限公司		与港澳台商合资经营	港澳台商控股	飞机维修，零附件维修
深圳中集天达空港设备有限公司		与港澳台商合资经营	港澳台商控股	旅客登机桥，航空货物处理系统，航空食品车
珠海保税区摩天宇航空发动机维修有限公司		中外合资经营	股份合作	V2500系列航空发动机深度维修，CFM56－7B航空发动机深度维修，CFM56－3航空发动机深度维修，CFM56－5B航空发动机深度维修
广州航新航空科技股份有限公司		私营股份有限公司	私人控股	飞行参数记录系统，综合维修检测系统
汕头市西北航空用品有限公司		其他有限责任公司	私人控股	飞机客舱零部件和材料，飞机货舱零部件和材料，飞机钢刹车副，飞机碳刹车副
深圳市多尼卡电子技术有限公司		私营有限责任公司	私人控股	快速获取驾驶舱语音记录仪，舱内无线局域网娱乐系统，LTE ATG上网解决方案，音视频点播系统，数字媒体播放器，驾驶舱视频监控系统
深圳市大疆创新科技有限公司		港澳台商独资	港澳台商控股	Phantom无人机产品
深圳一电科技有限公司		私营有限责任公司	私人控股	无人机产品

续表

单位名称	所属集团	登记注册类型	控股情况	主要民用航空产品
四川（13家）				
成都凯天电子股份有限公司	中航工业	股份有限公司	国有控股	民机机载产品生产及维修，转包生产，地面宽带
成都飞机工业（集团）有限责任公司	中航工业	国有独资公司	国有控股	转包项目
成都发动机（集团）有限公司	中航工业	其他有限责任公司	国有控股	GEAE项目，RR项目，HWL项目，PWC项目
四川凌峰航空液压机械有限公司	中航工业	国有	国有控股	运12飞机起落架，运12（F）飞机起落架，“小鹰”500飞机起落架，“小鹰”500飞机五项成件，AC313飞机阻尼器
四川泛华航空仪表电器有限公司	中航工业	国有	国有控股	航空油耗量表
成飞民用飞机有限责任公司	中航工业	其他有限责任公司	国有控股	C919机头、ARJ21－700机头，空客A320登机门、地板、框、机轮舱，空客A321壁板，波音飞机登机门、应急门、方向舵、副翼、扰流片、垂尾、平尾
中电科航空电子有限公司	中国电科	国有	国有控股	机载民用航空电子系统与设备
成都新洲航空设备有限责任公司		私营有限责任公司	私人控股	语音告警器，TRU配电盒，APU控制盒，制冷电控盒，制冷操纵盒
四川航泰航空装备有限公司		其他有限责任公司	国有控股	“小鹰”500起落架，运12 F起落架，地面保障设备，机场货运设备
成都国营锦江机器厂		国有	国有控股	HS－5发动机修理，ASz－6IR－16发动机修理
什邡市明日宇航工业股份有限公司		股份有限公司	私人控股	零件加工，钣金件加工，数控件加工
自贡中天胜新材料科技有限公司		私营股份有限公司	私人控股	聚酰亚胺柔性泡沫，聚酰亚胺刚性泡沫
中国民用航空飞行学院		国有	国有控股	飞机维修，飞机试飞
贵州（7家）				
贵州黎阳航空发动机（集团）有限公司	中航工业	国有	国有控股	民用航空发动机零部件，叶片
贵州红林机械有限公司	中航工业	国有独资公司	国有控股	民用航空转包
贵州云马飞机制造厂	中航工业	国有	国有控股	波音737垂尾，波音737平尾，梁间肋，后部肋，肋和接头

续表

单位名称	所属集团	登记注册类型	控股情况	主要民用航空产品
贵州安大航空锻造有限责任公司	中航工业	国有	国有控股	锻件
贵阳航空电机有限公司	中航工业	国有独资公司	国有控股	C919、"新舟"60、超七等飞机电机
贵州华烽电器有限公司	中航工业	国有独资公司	国有控股	电磁制动器，吸气风扇，电连接器
中航力源液压股份有限公司	中航工业	股份有限公司	国有控股	柱塞泵、柱塞马达及零备件
云南（1家）				
昆明电缆股份有限公司		其他有限责任公司	私人控股	航空导线
陕西（19家）				
庆安集团有限公司	中航工业	其他有限责任公司	国有控股	航空转包生产
西安航空发动机（集团）有限公司	中航工业	其他有限责任公司	国有控股	航空发动机零部件
西安飞机工业（集团）有限责任公司	中航工业	其他有限责任公司	国有控股	"新舟"60系列飞机，航空零部件，航空复合材料
西安航空制动科技有限公司	中航工业	其他有限责任公司	国有控股	"新舟"60飞机及刹车附件，波音737、A320碳刹车盘
陕西宝成航空仪表有限责任公司	中航工业	其他有限责任公司	国有控股	民用飞机零部件
陕西东方航空仪表有限责任公司	中航工业	国有独资公司	国有控股	航空转包生产
陕西飞机工业（集团）有限公司	中航工业	其他有限责任公司	国有控股	运8出口机，运8邮政机
陕西宏远航空锻造有限责任公司	中航工业	其他有限责任公司	国有控股	锻件毛坯
西安航空动力控制科技有限公司	中航工业	国有	国有控股	轴类航空产品，叠轴类航空产品
陕西千山航空电子有限责任公司	中航工业	国有独资公司	国有控股	民用飞机零部件
西安航空计算技术研究所	中航工业	国有	国有控股	航空仪表
陕西航空电气有限责任公司	中航工业	国有独资公司	国有控股	运8出口机，运8邮政机
中国电子科技集团公司第20研究所	中国电科	国有	国有控股	VOR/ILS机载设备，GNSS地基增强系统及GNSS机载多模导航接收机研发，外场模拟器，大客机仿真平台研发，民航集中监控设备，飞行程序设计
陕西凌云电器集团有限公司（国营第765厂）		国有	国有控股	无线电罗盘，塔康，测距器，组合导航，接受设备，信标机
宝鸡北方科技照明电器有限公司		其他有限责任公司	私人控股	航空照明光源
宝鸡市航宇光电显示技术开发有限责任公司		私营有限责任公司	国有控股	导光面板，LED照明装置，航电控制盒，信号灯控制盒，机载娱乐系统

续表

单位名称	所属集团	登记注册类型	控股情况	主要民用航空产品
西安三角航空科技有限责任公司		其他有限责任公司	国有控股	商用发动机盘类件，燃气发动机盘类件
陕西长岭电子科技有限责任公司		其他有限责任公司	国有控股	WG－7Z 无线高度表，661C 气象雷达，778 多普勒雷达
陕西烽火宏声科技有限责任公司		其他有限责任公司	国有控股	航空耳机/话筒组件
甘肃（1 家）				
兰州万里航空机电有限责任公司	中航工业	其他有限责任公司	国有控股	电动机构，着陆灯，襟翼操纵系统

第四部分

中国民用航空工业
统计数据

1　综合情况

1.1　全国民用航空工业企业综合情况（见表1－1）

表1－1　全国民用航空工业企业综合情况

指标	计量单位	2014年	2013年	指标	计量单位	2014年	2013年
单位数	**个**	**147**	**140**	**工业总产值**	**万元**	**23453204**	**20784418**
国有企业	个	28	28	**民用航空产品产值**	万元	6013803	4517460
有限责任公司	个	68	63	民用飞机（不含无人机）产值	万元	2788283	2119578
股份有限公司	个	13	12	民用飞机零部件产值	万元	1088758	1010140
私营公司	个	22	19	民用航空发动机产品产值	万元	1511	800
港澳台商投资、外商投资	个	16	18	民用航空发动机零部件产值	万元	317328	312500
全部从业人员人数	万人	35.7	34.2	其他民用航空产品及零部件产值	万元	245530	226657
民用飞机（不含无人机）累计交付数量	架	1213	1034	民用飞机修理产值（不含发动机）	万元	872080	371904
民用飞机（不含无人机）本年交付数量	架	179	149	民用航空发动机修理产值	万元	390726	342063
民用飞机（不含无人机）本年交付金额	万元	2466567	1934515	其他民用航空产品及零部件修理产值	万元	91250	131705
无人机本年交付数量	架	312150	—	民用飞机机载系统和设备产值	万元	10812	2112
无人机本年交付金额	万元	284541	—	无人机产品产值	万元	207526	—
民用飞机（不含无人机）新增确认订单	架	160	128	资产合计	万元	44484908	41480470
民用飞机（不含无人机）新增意向订单	架	62	30	营业收入	万元	25734992	24320878
无人机新增确认订单	架	472603	—	**民用航空产品收入**	万元	5937269	4870780
无人机新增意向订单	架	84776	—	营业成本	万元	21587676	19871796
民用飞机（不含无人机）储备确认订单	架	447	468	利润总额	万元	1287870	1336471
民用飞机（不含无人机）储备意向订单	架	440	354	经济效益综合指数		166.7	171.9
无人机储备确认订单	架	34783	—	总资产贡献率	%	5.4	6.3
无人机储备意向订单	架	35695	—	资本保值增值率	%	155.8	154.1
民用航空产品转包生产	—	—	—	资产负债率	%	58.2	59.4
民用航空产品转包生产交付金额	万美元	169776	158461	流动资产周转次数	次/年	1.0	1.0
民用飞机零部件交付金额	万美元	104045	94907	成本费用利润率	%	5.0	5.9
民用发动机零部件交付金额	万美元	50567	49349	全员劳动生产率	元/人年	142959	136427
其他民用航空产品交付金额	万美元	15164	14205	产品销售率	%	95.5	94.7

表1-1（续）

指标	计量单位	2014年	2013年	指标	计量单位	2014年	2013年
民用航空产品转包生产新增订单	万美元	103541	158812	民用航空产品固定资产投资	万元	615216	389608
民用飞机零部件新增订单	万美元	50912	105148	民用航空产品（R&D）经费支出	万元	672174	395422
民用发动机零部件新增订单	万美元	47192	46510				
其他民用航空产品新增订单	万美元	5437	7154				
民用航空产品转包生产储备订单	万美元	278188	320527				
民用飞机零部件储备订单	万美元	245066	283147				
民用发动机零部件储备订单	万美元	30461	33498				
其他民用航空产品储备订单	万美元	2661	3882				

1.2 2014年全国民用航空工业企业主要经济指标（见表1-2）

表1-2 2014年全国民用航空工业企业主要经济指标

指标	单位数/个	全部从业人员人数/人	民用航空产品产值/万元	民用航空产品销售收入/万元	利润总额/万元
全国总计	**147**	**357402**	**6013803**	**5937269**	**1287870**
按注册登记类型分					
内资企业	131	339305	2358003	2509173	820068
国有企业	28	80697	124443	167124	277612
有限责任公司	68	224804	1877830	1996433	400795
股份有限公司	13	30263	241991	241493	116288
私营企业	22	3541	113739	104123	25373
港澳台商投资企业	6	12884	899007	618105	97913
外商投资企业	10	5213	2756793	2809991	369889
按三大经济地带分					
东部地区	81	122413	4574306	4230955	927531
中部地区	25	85217	361595	386010	123745
西部地区	41	149772	1077902	1320304	236594
总计中：					
中国航空工业集团公司	61	269899	1567409	1826730	558524
中国商用飞机有限责任公司	6	9622	406012	309205	2167
中国电子科技集团公司	5	26740	33343	17554	105530
中国航天科工集团公司	3	4143	7159	7282	37114
地方民用航空工业企业	72	46998	3999880	3776498	584535

1.3　2014年各地区民用航空工业企业主要经济指标（见表1－3）

表1－3　2014年各地区民用航空工业企业主要经济指标

地区	单位数/个	全部从业人员人数/人	民用航空产品产值/万元	民用航空产品销售收入/万元	利润总额/万元
全国总计	**147**	**357402**	**6013803**	**5937269**	**1287870**
北　京	13	11010	72818	84173	87518
天　津	11	5577	2180621	2250217	355644
河　北	3	11928	41276	39858	60813
山　西	3	1951	4094	3672	7994
辽　宁	3	33742	161224	134364	97291
吉　林	1	2445	435	645	434
黑龙江	2	12867	128451	136158	16554
上　海	7	12403	406570	289083	31459
江　苏	16	26937	135547	127751	110924
浙　江	9	974	10176	8267	3491
安　徽	1	2740	1161	155	－9638
福　建	1	4876	509261	152699	19549
江　西	4	17519	71798	106529	51905
山　东	8	3556	109301	130135	21043
河　南	1	11678	5017	5372	12068
湖　北	7	16436	119922	105170	21983
湖　南	6	19581	30716	28309	22444
广　东	10	11410	947513	1014408	139800
四　川	13	36293	210479	200339	89551
贵　州	7	21934	28126	52977	16824
云　南	1	134	130	90	6
陕　西	19	89942	838943	1066674	124867
甘　肃	1	1469	224	224	5346
总计中					
中国航空工业集团公司	61	269899	1567409	1826730	558524
中国商用飞机有限责任公司	6	9622	406012	309205	2167
中国电子科技集团公司	5	26740	33343	17554	105530
中国航天科工集团公司	3	4143	7159	7282	37114
地方民用航空工业企业	72	46998	3999880	3776498	584535

1.4 2014 年全国民用航空工业企业分布（见表 1－4）

表 1－4 2014 年全国民用航空工业企业分布

个

地区	企业数	按注册登记类型分类					
		国有	有限责任公司	股份有限公司	私营	港澳台	外资
全国总计	**147**	**28**	**68**	**13**	**22**	**6**	**10**
北 京	13	4	7		2		
天 津	11		3	1	3	1	3
河 北	3	1	2				
山 西	3	1	2				
辽 宁	3		3				
吉 林	1		1				
黑龙江	2		2				
上 海	7	2	5				
江 苏	16	4	3	2	3		4
浙 江	9		3		5	1	
安 徽	1		1				
福 建	1					1	
江 西	4		3	1			
山 东	8	2	1	1	2	1	1
河 南	1		1				
湖 北	7	1	3	1	2		
湖 南	6	1	2	3			
广 东	10	1	2	1	2	2	2
四 川	13	4	5	2	2		
贵 州	7	2	4	1			
云 南	1		1				
陕 西	19	5	13		1		
甘 肃	1		1				

表 1－4（续）

个

地区	总计中					按从业人员数量分类			
	中航工业	中国商飞	中国电科	航天科工	地方民用航空	300 人以下	300～1000 人	1000～2000 人	2000 人以上
全国总计	**61**	**6**	**5**	**3**	**72**	**45**	**33**	**17**	**52**
北　京	4	1		2	6	6	3	1	3
天　津	1			1	9	7	1	3	
河　北	2		1		0			1	2
山　西	2				1	2		1	
辽　宁	3				0				3
吉　林	1				0				1
黑龙江	2				0				2
上　海	2	5			0		3		4
江　苏	2		2		12	4	7	2	3
浙　江					9	8	1		
安　徽	1				0				1
福　建					1				1
江　西	4				0		1		3
山　东	1				7	5	2	1	
河　南	1				0				1
湖　北	3				4	2	2		3
湖　南	4				2	1	1	1	3
广　东	2				8	2	5	1	2
四　川	6		1		6	4	4	2	3
贵　州	7				0			3	4
云　南					1	1			
陕　西	12		1		6	3	3		13
甘　肃	1				0			1	

2　产品交付、新增和储备订单及转包生产情况

2.1　全国民用航空产品交付情况（见表2－1）

表2－1　全国民用航空产品交付情况

产品名称	计量单位	2014年	2013年	2012年	2011年	2010年	2014年同比增长/%
民用飞机交付金额总计	**万元**	**5672844**	**4166471**	**3351760**	**1764124**	**1695760**	**36.2**
民用飞机（不含无人机）整机	万元	2466567	1934515	1368878	122506	263949	27.5
其中：引进总装线生产飞机	万元	2159949	1736879	1182800			24.4
民用航空发动机整机	万元	1511	660	0	1217		128.9
民用飞机零部件	万元	987871	829306	744606	578846	508638	19.1
民用航空发动机零部件	万元	347960	311176	341448	270955	245423	11.8
其他民用航空产品及零部件	万元	282193	221385	212042	171253	122773	27.5
民用飞机修理（不含发动机）	万元	779003	376995	324881	308586	233785	106.6
民用航空发动机修理	万元	390779	326826	260709	252959	222603	19.6
其他民用航空产品及零部件修理	万元	132419	165608	99197	57802	98587	－20.0
无人机产品	万元	284541	—	—	—	—	—
民用飞机交付数量	—	—	—	—	—	—	—
（一）干线飞机系列	架	47	44	36	0	0	6.8
A320（引进总装生产飞机）	架	47	44	36			6.8
（二）支线客机系列	架	14	6	13	9	24	133.3
“新舟”60	架	14	6	11	6	18	133.3
“新舟”600	架			2	1		
ERJ145	架				2	6	
（三）通用飞机系列	架	101	73	57	66	42	38.4
运12IV	架	3	10	2	5		－70.0
运12E	架	5		3	2	2	
“小鹰”500飞机	架	13	5		20	15	160.0
运5B飞机	架	12	15	12	5	6	－20.0
DA 40 TDI	架	25	16	17	23	13	56.3
赛斯纳208B飞机	架	14	5				180.0
轻型飞机SA60L	架	8	9	11			－11.1
A2C超轻型水上飞机	架	21	13	12	11	6	61.5
（四）直升机系列	架	17	26	8	2	4	－34.6
AC312直升机	架	16	12	7	2	4	33.3
410G直升机	架		1	1			
H425直升机	架		5				
AC313直升机	架	1	4				－75.0
AC311直升机	架		4				
民用飞机（不含无人机）数量小计	**架**	**179**	**149**	**114**	**77**	**70**	**20.1**
（五）无人机系列	架	312150	96	6	7	4	—
Phantom无人机	架	300000					
一电民用无人机	架	12000					
V750无人直升机	架				5	1	
HW13小型无人机	架			6	2	3	
TD200无人机	架	10	1				900.0
EWZ－I无人直升机	架	10	12				－16.7
EWG－I固定翼无人机	架	20	12				66.7
EWZ－S8多旋翼无人机	架	30	41				－26.8
全华时代无人机	架	77					
HW－210	架	0	11				
HW－220	架	3	18				－83.3
HW－230	架	0	1				

2.2 各地区民用航空产品交付情况（见表 2－2）

表 2－2 各地区民用航空产品交付情况

万元

地区	2014 年交付金额	2013 年交付金额	2012 年交付金额	2011 年交付金额	2010 年交付金额	2014 年同比增长/%
全国总计	**5672844**	**4166471**	**3351760**	**1764124**	**1695760**	**36.2**
北　京	70832	27899	43971	19729	22808	153.9
天　津	2181973	1738396	1190184	4060	27621	25.5
河　北	41922	23441	14005	7639	7406	78.8
山　西	4682	3968	2312	670	1067	18.0
辽　宁	165894	154937	208960	164158	128717	7.1
吉　林	111	346	685	1083	758	－67.9
黑龙江	112011	126822	56585	51920	92955	－11.7
上　海	51409	45395	43652	43775	42687	13.2
江　苏	136705	100954	101393	35509	82234	35.4
浙　江	10782	3879	2820		334	178.0
安　徽	1161	3319				－65.0
福　建	509261	148777	135755	130534	101410	242.3
江　西	63526	43218	15967	48376	12657	47.0
山　东	112357	101357	108934	90479	81691	10.9
河　南	5372	523	258			927.2
湖　北	103317	103569	5791	12770	40329	－0.2
湖　南	29337	20238	21042	19541	18603	45.0
广　东	1032434	648071	534219	485923	389821	59.3
四　川	230126	157444	210432	88632	90831	46.2
贵　州	59993	57236	48202	50050	38575	4.8
云　南	131	90	159			45.6
陕　西	749284	655821	606154	509032	515003	14.3
甘　肃	224	770	280	243	123	－70.9
总计中						
中国航空工业集团公司	1507632	1232829	1160861	912973	813248	22.3
中国商用飞机有限责任公司	50978	44558	43609	43775	42687	14.4
中国电子科技集团公司	30770	29913				2.9
中国航天科工集团公司	7266	6055				20.0
地方民用航空工业企业	4135198	2853115	2147290	807376	839825	44.9

2.3　各单位民用飞机交付情况（见表 2－3）

表 2－3　各单位民用飞机交付情况　　架

单位名称	民用飞机型号	累计交付	2014 年	2013 年	2012 年	2011 年	2010 年
民用飞机交付数量		—	—	—	—	—	—
	（一）干线飞机系列	**200**	**47**	**44**	**36**		
空中客车（天津）总装有限公司	A320（引进总装生产飞机）	200	47	44	36		
	（二）支线客机系列	**226**	**14**	**6**	**13**	**9**	**24**
西安飞机工业（集团）有限责任公司	运 7 系列	89					
	“新舟”60	92	14	6	11	6	18
	“新舟”600	4			2	1	
哈尔滨安博威飞机工业有限公司	ERJ145	41				2	6
	（三）通用飞机系列	**668**	**101**	**73**	**57**	**66**	**42**
哈尔滨飞机工业集团有限责任公司	运 12I、运 12II、运 12III	117					
	运 12IV	42	3	10	2	5	2
	运 12E	19	5		3	2	
北京科源轻型飞机实业有限公司	“蓝鹰” AD200	21					
华北飞机工业有限公司	“小鹰” 500 飞机	77	13	5		20	15
	运 5B 飞机	130	12	15	12	5	6
	赛斯纳 208B 飞机	19	14	5			
江西洪都航空工业股份有限公司	海燕机	7					
	农 5A	18					
山东滨奥飞机制造有限公司	DA 40 TDI	104	25	16	17	23	13
湖南山河智能装备股份有限公司	轻型飞机 SA60L	28	8	9	11		
中国特种飞行器研究所	A2C 超轻型水上飞机	86	21	13	12	11	6
	（四）直升机系列	**98**	**17**	**26**	**8**	**2**	**4**
哈尔滨飞机工业集团有限责任公司	AC312 直升机	62	16	12	7	2	4
	410G 直升机	3		1	1		
	H425 直升机	6	1	5			
上海西科斯基飞机有限公司	斯瓦泽 269 型直升机	16					
昌河飞机工业（集团）有限责任公司	AC313 直升机	4		4			
	AC311 直升机	4		4			
江西昌河航空工业有限公司	CA109	3					
	（五）货运飞机系列	**21**					
陕西飞机工业（集团）有限公司	运 8 系列	21					
民用飞机（不含无人机）数量小计		1213	179	149	114	77	70
	（六）无人机系列	**470263**	**312150**	**96**	**6**	**7**	**4**
深圳市大疆创新科技有限公司	Phantom 无人机	450000	300000				
深圳一电科技有限公司	一电民用无人机	20000	12000				
潍坊天翔航空工业有限公司	V750 无人直升机	6				5	1
北京浩天翼航空技术有限公司	HW13 小型无人机	11			6	2	3
北京中航智科技有限公司	TD200 无人机	11	10	1			
湖北易瓦特科技有限公司	EWZ－I 无人直升机	22	10	12			
	EWG－I 固定翼无人机	32	20	12			
	EWZ－S8 多旋翼无人机	71	30	41			
天津全华时代航天科技发展有限公司	全华时代无人机	77	77				
海鹰航空通用装备有限责任公司	HW－210	11	0	11			
	HW－220	21	3	18			
	HW－230	1	0	1			

注：累计交付指 2007 年以来统计的交付数量。

2.4 全国民用航空产品新增订单和储备订单（见表2－4）

表2－4 全国民用航空产品新增订单和储备订单 架

民用飞机型号	计量单位	2014年新增		2014年储备	
		确认	意向	确认	意向
民用飞机数量	**架**	**—**	**—**	**—**	**—**
（一）干线飞机系列	**架**	**10**	**20**	**196**	**234**
C919	架	10	20	196	234
（二）支线客机系列	**架**	**41**	**25**	**223**	**204**
“新舟”60	架	40	0	103	46
“新舟”600	架				
ARJ21－700	架	1	25	120	158
（三）通用飞机系列	**架**	**107**	**12**	**16**	**2**
运12IV	架	4		4	
运12E	架	5		9	
运12F	架			1	
“小鹰”500飞机	架	13			
运5B飞机	架	12			
赛斯纳208B飞机	架	14			
DA 40 TDI	架	39			
轻型飞机SA60L	架	7	11	0	2
轻型飞机SA60L（舒适版）	架	1	1	0	0
A2C超轻型水上飞机	架	12	0	2	0
（四）直升机系列	**架**	**2**	**5**	**12**	**0**
AC313直升机	架				
AC311直升机	架	2	5		
AC312直升机	架			3	
H425直升机	架			9	
民用飞机（不含无人机）数量小计	**架**	**160**	**62**	**447**	**440**
（五）无人机系列	**架**	**472603**	**84776**	**34783**	**35695**
Phantom无人机	架	462500	54600	24783	5612
一电民用无人机	架	10000	30000	10000	30000
HW13小型无人机	架	0	3		
EWZ－I无人直升机	架	20	40		20
EWG－I固定翼无人机	架	10	20		10
EWZ－S8多旋翼无人机	架	30	60		30
TD200无人机	架	25	0		23
HW－210	架	0	2		0
HW－220	架	3	2		0
HW－230	架	0	1		0
全华时代无人机	架	15	48		
民用飞机零部件	万元	903412	18605	651650	6216
民用航空发动机零部件	万元	380532	1727	191053	300
其他民用航空产品及零部件	万元	204565	29932	19080	10250
民用飞机修理（不含发动机）	万元	269362	264076	45	0
民用航空发动机修理	万元	390104	900	78	1379262
其他民用航空产品及零部件修理	万元	63061	16487	55778	200

2.5　各单位民用飞机新增和储备订单（见表 2 – 5）

表 2 – 5　各单位民用飞机新增和储备订单　架

企业名称	民用飞机型号	2014 年新增		2014 年储备	
		确认	意向	确认	意向
民用飞机数量		—	—	—	—
	（一）干线飞机系列	**10**	**20**	**196**	**234**
中国商用飞机有限责任公司	C919	10	20	196	234
	（二）支线客机系列	**41**	**25**	**223**	**204**
西安飞机工业（集团）有限责任公司	“新舟”60	40	0	103	46
	“新舟”600				
中国商用飞机有限责任公司	ARJ21 – 700	1	25	120	158
	（三）通用飞机系列	**107**	**12**	**16**	**2**
哈尔滨飞机工业集团有限责任公司	运 12IV	4		4	
	运 12E	5		9	
	运 12F			1	
华北飞机工业有限公司	“小鹰”500 飞机	13			
	运 5B 飞机	12			
	赛斯纳 208B 飞机	14			
山东滨奥飞机制造有限公司	DA 40 TDI	39			
湖南山河智能装备股份有限公司	轻型飞机 SA60L	7	11	0	2
	轻型飞机 SA60L（舒适版）	1	1	0	0
中国特种飞行器研究所	A2C 超轻型水上飞机	12	0	2	0
	（四）直升机系列	**2**	**5**	**12**	**0**
昌河飞机工业（集团）有限责任公司	AC313 直升机	0		0	
	AC311 直升机	2	5	0	0
哈尔滨飞机工业集团有限责任公司	AC312 直升机			3	
	H425 直升机			9	
民用飞机（不含无人机）数量小计		**160**	**62**	**447**	**440**
	（五）无人机系列	**472603**	**84776**	**34866**	**35736**
深圳市大疆创新科技有限公司	Phantom 无人机	462500	54600	24783	5612
深圳一电科技有限公司	一电民用无人机	10000	30000	10000	30000
北京浩天翼航空技术有限公司	HW13 小型无人机	0	3		
湖北易瓦特科技有限公司	EWZ – I 无人直升机	20	40	20	40
	EWG – I 固定翼无人机	10	20	10	20
	EWZ – S8 多旋翼无人机	30	60	30	60
北京中航智科技有限公司	TD200 无人机	25	0	23	0
海鹰航空通用装备有限责任公司	HW – 210	0	2	0	2
	HW – 220	3	2	0	2
	HW – 230	0	1	0	0
天津全华时代航天科技发展有限公司	全华时代无人机	15	48		

2.6 全国民用航空产品转包生产情况（见表2-6）

表2-6 全国民用航空产品转包生产情况 万美元

项目	2014年	2013年	2012年	2011年	2010年	2014年同比增长/%
交付金额	**169776**	**158461**	**134511**	**103985**	**87109**	**7.1**
民用飞机零部件	104045	94907	71400	59018	47427	9.6
民用发动机零部件	50567	49349	46684	42142	31996	2.5
其他民用航空产品及零部件	15164	14205	16427	2826	7686	6.8
新增订单金额	**103541**	**158812**	**73607**	**139337**	**108547**	**-34.8**
民用飞机零部件	50912	105148	26453	81464	76296	-51.6
民用发动机零部件	47192	46510	39007	53089	24098	1.5
其他民用航空产品及零部件	5437	7154	8147	4784	8153	-24.0
储备订单金额	**278188**	**320527**	**326690**	**322379**	**264286**	**-13.2**
民用飞机零部件	245066	283147	292541	283488	238332	-13.4
民用发动机零部件	30461	33498	30308	38244	15307	-9.1
其他民用航空产品及零部件	2661	3882	3841	646	10647	-31.5

2.7 各地区民用航空产品转包生产交付情况（见表2-7）

表2-7 各地区民用航空产品转包生产交付情况 万美元

地区	2014年	2013年	2012年	2011年	2010年	2014年同比增长/%
全国总计	**169776**	**158461**	**134511**	**103985**	**87109**	**7.1**
北 京	653	7167	1943	1700	518	-90.9
天 津	7682	7672				0.1
辽 宁	33791	33974	29191	25602	18929	-0.5
黑龙江	2842	1496	2183	296	786	90.0
上 海	8296	7197	7020	6635	6277	15.3
江 苏	1342	1253	1271	173	4535	7.1
浙 江	1461	1071	336		10	36.4
安 徽	36	69	51	39		-47.8
江 西	1608	642	832	2236	471	150.5
山 东				168		
湖 北	6859	5082	55	109	66	35.0
湖 南	4665	4082	3750	3157	2771	14.3
广 东					5078	
四 川	28399	20451	29546	13378	11331	38.9
贵 州	9451	8723	7073	6171	5251	8.3
陕 西	58947	59581	51259	44322	31087	-1.1

表 2－7（续）　　万美元

地区	2014 年	2013 年	2012 年	2011 年	2010 年	2014 年同比增长/%
总计中						
中国航空工业集团公司	140356	129026	110733	94476	71153	8.8
中国商用飞机有限责任公司	8296	7179	6912	6635	6277	15.6
中国电子科技集团公司		13				
中国航天科工集团公司	10					
地方民用航空工业企业	21114	22243	16866	2874	9678	－5.1

2.8　各地区民用航空产品转包生产新增情况（见表 2－8）

表 2－8　各地区民用航空产品转包生产新增情况　　万美元

地区	2014 年	2013 年	2012 年	2011 年	2010 年	2014 年同比增长/%
全国总计	**103541**	**158812**	**74907**	**139337**	**108547**	**－34.8**
北　京	658	5940	2804	3009	358	－88.9
天　津	137	125		3016	1609	9.6
辽　宁	27314	22038	16729	9180	19190	23.9
黑龙江	5524	1000	1000	92	357	452.4
上　海	4		3738	60704		
江　苏	677	954	1817		2661	－29.0
浙　江	1649	1140	324		12	44.6
江　西	1571	814	832	2532	122	93.0
山　东				95		
湖　北	117	1381	55	109	66	－91.5
湖　南	1587	1275	3316	3370	2891	24.5
广　东			29514		4444	0.0
四　川	30657	19889	1777	20881	13250	54.1
贵　州	7834	7344	13000	2078	1448	6.7
陕　西	23419	96911		34271	62141	－75.8
总计中						
中国航空工业集团公司	98951	149802	58994	72126	99822	－33.9
中国商用飞机有限责任公司			3738	60704		
中国航天科工集团公司	12					
地方民用航空工业企业	4578	9010	12174	6507	8725	－49.2

2.9 各地区民用航空产品转包生产储备情况（见表2-9）

表2-9 各地区民用航空产品转包生产储备情况 万美元

地区	2014年	2013年	2012年	2011年	2010年	2014年同比增长/%
全国总计	**278187**	**320527**	**327190**	**322379**	**264286**	**-13.2**
北京	4	1986	3368	1309	360	-99.8
天津	49					
辽宁	13000	12100			12498	7.4
黑龙江	8682	6000	6000		300	44.7
上海	56018	64309	71488	74662	20593	-12.9
江苏	999	1016	864		2493	-1.7
浙江	150	210	330		15	-28.6
江西						
山东				31		
湖北	233	58	50			301.7
湖南	104	3417	164	328	120	-97.0
广东					9330	
四川	32364	30693	82307		11134	5.4
贵州	35	316	348	4096	3591	-88.9
陕西	165325	200421	162271	199178	203852	-17.5
总计中						
中国航空工业集团公司	219576	253076	247990	246273	231495	-13.2
中国商用飞机有限责任公司	56013	64309	71488	74662	20593	-12.9
中国航天科工集团公司	49					
地方民用航空工业企业	2549	3142	7712	1444	12198	-18.9

3 生产销售总值

3.1 全国民用航空工业企业生产销售总值（见表3－1）

表3－1 全国民用航空工业企业生产销售总值

指标名称	计量单位	2014年	2013年	2012年	2011年	2010年	2014年同比增长/%
工业总产值（当年价格）	万元	23453204	20784418	15267563	13654738	12055219	12.8
其中：新产品产值	万元	7172462	7027918	4590997	4599560	4786671	2.1
民用航空产品产值	万元	6013803	4517460	3928970	2001430	1709007	33.1
其中：民用飞机（不含无人机）产品产值	万元	2788283	2119578	1807910	349556	314802	31.5
民用飞机零部件产品产值	万元	1088758	1010140	762678	578800	489145	7.8
民用航空发动机产品产值	万元	1511	800				88.9
民用航空发动机零部件产品产值	万元	317328	312500	330363	254005	232032	1.5
其他民用航空产品及零部件产值	万元	245530	226657	318006	190093	114656	8.3
民用飞机修理产值	万元	872080	371904	334607	308572	235024	134.5
民用航空发动机修理产值	万元	390726	342063	260709	251257	224167	14.2
其他民用航空产品及零部件修理产值	万元	91250	131705	80911	63319	99181	－30.7
民用飞机机载系统和设备产值	万元	10812	2112	33786	5828		411.9
无人机产品产值	万元	207526					
工业销售产值（当年价格）	万元	22343528	19678030	14511240	13275650	11757363	13.5
其中：出口交货值	万元	4796408	3271816	3007297	1857809	1583100	46.6
全部从业人员年平均人数	人	338251	327654	291490	293666	255833	3.2

3.2 2014年各地区民用航空产品产值（见表3-2）

表3-2 2014年各地区民用航空产品产值

地区	单位数/个	民用航空产品产值/万元	各地占总计/%	民用航空产品产值比上年增长/%	民用飞机产品产值/万元	民用飞机零部件产品产值/万元	民用航空发动机产品产值/万元
全国总计	**147**	**6013803**	**100.0**	**33.1**	**2788283**	**1088758**	**1511**
北京	13	72818	1.2	103.0		9324	500
天津	11	2180621	36.3	21.9	2163985	9729	
河北	3	41276	0.7	64.7	31992	1485	
山西	3	4094	0.1	-1.0	17		
辽宁	3	161224	2.7	11.2		107929	
吉林	1	435	0.0	-40.3	120	315	
黑龙江	2	128451	2.1	149.7	118241	10210	
上海	7	406570	6.8	47.4	357040	48972	
江苏	16	135547	2.3	34.1		71394	
浙江	9	10176	0.2	199.3	3427	3156	
安徽	1	1161	0.0	-71.4		1161	
福建	1	509261	8.5	242.3			
江西	4	71798	1.2	108.1	3717	63556	
山东	8	109301	1.8	5.5	5658	670	
河南	1	5017	0.1	859.3		3003	
湖北	7	119922	2.0	30.3	14761		
湖南	6	30716	0.5	3.0	1124	16091	1011
广东	10	947513	15.8	50.6	15387	13759	
四川	13	210479	3.5	25.2	554	108840	
贵州	7	28126	0.5	-24.9		1705	
云南	1	130	0.0	44.4			
陕西	19	838943	14.0	0.2	72260	617234	
甘肃	1	224	0.0	-70.9		224	
总计中							
中国航空工业集团公司	61	1567409	26.1	18.0	242706	930929	1011
中国商用飞机有限责任公司	6	406012	6.8	47.7	357040	48972	
中国电子科技集团公司	5	33343	0.6	11.4			
中国航天科工集团公司	3	7159	0.1	18.2		6599	500
地方民用航空工业企业	72	3999880	66.5	39.0	2188537	102258	0

表 3-2（续）

地区	民用航空发动机零部件产品产值/万元	其他民用航空产品及零部件产值/万元	民用飞机修理产值（不含发动机）/万元	民用航空发动机修理产值/万元	其他民用航空产品及零部件修理产值/万元	民用飞机机载系统和设备产值/万元	无人机产品产值/万元
全国总计	**317328**	**245530**	**872080**	**390726**	**91250**	**10812**	**207526**
北　京	4325	11308			47360		
天　津	60	1412	5435				
河　北		7651	109		39		
山　西		1093			2984		
辽　宁	53295						
吉　林							
黑龙江							
上　海		77				481	
江　苏	43208	18881			2064		
浙　江	1	3354			238		
安　徽							
福　建			509261				
江　西		4525					
山　东		54778	41169		7025		
河　南	423	1591					
湖　北		3587	90315		11059	200	
湖　南	12173			270	47		
广　东	0	98364	214291	389079	9107		207526
四　川	60290	19469	11501	1377	1986	6463	
贵　州	17343	9078					
云　南		130					
陕　西	126210	10231			9340	3668	
甘　肃							
总计中							
中国航空工业集团公司	274059	54717	109	270	59398	4210	
中国商用飞机有限责任公司							
中国电子科技集团公司		15799	11081			6463	
中国航天科工集团公司	60						
地方民用航空工业企业	43209	175014	860891	390456	31851	139	207526

3.3 2014 年各地区民用航空工业企业销售情况（见表 3-3）

表 3-3 2014 年各地区民用航空工业企业销售情况

地区	工业总产值/万元	工业销售产值/万元	比上年增长/%	出口交货值/万元	比上年增长/%	工业产品产销率/%
全国总计	**23453204**	**22343528**	**13.5**	**4796408**	**46.6**	**95.3**
北 京	862903	792996	43.3	18215	-39.2	91.9
天 津	2356787	2353024	27.9	2216015	24.2	99.8
河 北	632130	637551	23.7			100.9
山 西	56893	51589	1.5	683	-1.3	90.7
辽 宁	2247969	2125966	2.6	201001	71.5	94.6
吉 林	33268	33271	10.8			100.0
黑龙江	1143093	1129670	10.1	123321	80.7	98.8
上 海	648286	631276	23.5	52085	10.9	97.4
江 苏	2391379	1864436	-10.3	250141	201.7	78.0
浙 江	60008	51166	48.9	32668	39.5	85.3
安 徽	81538	76581	-87.9	627	-67.9	93.9
福 建	509261	509261	242.3	499076	278.3	100.0
江 西	1962794	1941558	17.9	66218	66.0	98.9
山 东	141855	137124	63.8	21180	178.3	96.7
河 南	392570	377557	-31.1			96.2
湖 北	811485	764816	21.7	43932	84.7	94.2
湖 南	738648	746738	19.6	70819	168.5	101.1
广 东	1086031	1010932	54.5	525090	82.2	93.1
四 川	1795742	1770857	34.9	252548	42.3	98.6
贵 州	1026709	976727	12.6	71145	-7.6	95.1
云 南	113703	109694	-9.8			96.5
陕 西	4318548	4209506	11.4	350952	3.6	97.5
甘 肃	41604	41232	22.1	692	35.2	99.1
总计中						
中国航空工业集团公司	14723546	14338434	12.0	1139411	29.9	97.4
中国商用飞机有限责任公司	410589	393405	38.7	51924	11.2	95.8
中国电子科技集团公司	2362636	1840808	-27.9	115360		77.9
中国航天科工集团公司	261692	225836				86.3
地方民用航空工业企业	5694741	5545045	37.2	3489713	48.6	97.4

4　主要经济指标

4.1　全国民用航空工业企业主要经济指标（见表4－1）

表4－1　全国民用航空工业企业主要经济指标

指标名称		计量单位	2014年	2013年	2012年	2011年	2010年	2014年比上年增长/%
一、年末资产负债	流动资产合计	万元	27210951	26380959	20110985	21346513	15987920	3.1
	流动资产年平均余额	万元	25201795	22710623	18471070	19767431	15056220	11.0
	固定资产合计	万元	10642350	9231838	7155934	8510861	6468264	15.3
	固定资产原价	万元	14734754	12298288	10399580	9359047	7569942	19.8
	其中：生产经营用	万元	9497774	7857609	8084083	7105557	6369636	20.9
	固定资产净值年平均余额	万元	6445392	6027899	6323669	5305975	4518383	6.9
	资产总计	万元	44484908	41480470	31058560	32190411	24574986	7.2
	负债合计	万元	25869375	24661985	19668032	19804859	16128538	4.9
	所有权益合计	万元	18780128	17091052	11462236	12886279	8361300	9.9
	其中：实收资本	万元	8026330	7152481	4209980	5388514	3128121	12.2
二、损益及分配	营业收入	万元	25734992	24320878	18403975	15961673	12710812	5.8
	其中：民用航空产品收入	万元	5937269	4870780	3777288	1964813	1996938	21.9
	营业成本	万元	21587676	19871796	15443107	13525952	10668449	8.6
	主营业务税金及附加	万元	71175	66014	8704	62098	43212	7.8
	其他业务利润	万元	104269	107211	85714	47858	73556	-2.7
	营业费用	万元	315191	306797	346862	263310	242788	2.7
	管理费用	万元	2156865	2093522	1603910	1529087	1204676	3.0
	财务费用	万元	328403	314736	311645	256729	174794	4.3
	其中：利息支出	万元	336840	328415	291962	262138	170518	2.6
	营业利润	万元	1094327	1048706	737737	547662	513520	4.4
	补贴收入	万元	193032	171647	151378	150191	114319	12.5
	利润总额	万元	1287870	1336471	990563	797564	659605	-3.6
	应交所得税	万元	142239	189147	161327	106009	107720	-24.8
三、其他	本年应交增值税	万元	430068	297137	152940	172600	160188	44.7
	工业中间投入合计	万元	8542960	7417958	7082817	2451571	1678658	15.2
	本年固定资产投资额	万元	2039004	1484133	1336828	1364747	1170981	37.4
	其中：民用航空产品	万元	615216	389608	362393	210867	131197	57.9
	全部从业人员人数	人	357402	342136	331551	300253	254844	4.5
	其中：工程技术人员	人	86293	72096	60522	63052	54397	19.7
	其中：研究与实验发展人员	人	59180	44934	43869	54647	28050	31.7
	研究与实验发展经费支出	万元	2046562	1364604	1467249	1346798	802513	50.0
	其中：民用航空产品	万元	672174	395422	310770	344738	112884	70.0

4.2 2014 年各地区民用航空产品收入（见表 4 -2）

表 4 -2 2014 年各地区民用航空产品收入

地区	民用航空产品收入/万元	各地占总计/%	营业收入/万元	比上年增长/%	民用航空产品销售收入占营业收入比重/%
全国总计	**5937269**	**100**	**25734992**	**5.6**	**23.1**
北　京	84173	1.4	977376	32.3	8.6
天　津	2250217	37.9	2478846	32.5	90.8
河　北	39858	0.7	637809	23.1	6.2
山　西	3672	0.1	69370	15.3	5.3
辽　宁	134364	2.3	2646820	1.0	5.1
吉　林	645	0.0	36820	22.0	1.8
黑龙江	136158	2.3	1221627	15.2	11.1
上　海	289083	4.9	793412	14.1	36.4
江　苏	127751	2.2	2687973	-10.4	4.8
浙　江	8267	0.1	57520	68.2	14.4
安　徽	155	0.0	87112	-86.4	0.2
福　建	152699	2.6	152699	3.9	100.0
江　西	106529	1.8	1998724	20.5	5.3
山　东	130135	2.2	167761	14.2	77.6
河　南	5372	0.1	385444	-40.9	1.4
湖　北	105170	1.8	855289	7.2	12.3
湖　南	28309	0.5	916139	5.2	3.1
广　东	1014408	17.1	1093196	69.3	92.8
四　川	200339	3.4	1943835	13.1	10.3
贵　州	52977	0.9	1056677	19.4	5.0
云　南	90	0.0	13709	0.9	0.7
陕　西	1066674	18.0	5419276	-2.3	19.7
甘　肃	224	0.0	37558	4.5	0.6
总计中					
中国航空工业集团公司	1826730	30.8	16769185	3.6	10.9
中国商用飞机有限责任公司	309205	5.2	504069	17.2	61.3
中国电子科技集团公司	17554	0.3	2809739	-1.7	0.6
中国航天科工集团公司	7282	0.1	398334		1.8
地方民用航空工业企业	3721498	62.7	5153665	5.3	72.2

4.3　全国民用航空工业企业经济效益综合指数（见表 4－3）

表 4－3　全国民用航空工业企业经济效益综合指数

指标名称	单位	2014 年	2013 年	2012 年	2011 年	2010 年	2014 年比上年增减（+；－）
经济效益综合指数		**166.7**	**171.9**	**147.3**	**145.9**	**144.6**	**-5.2**
总资产贡献率	%	5.4	6.3	5.6	4.6	3.9	-0.9
资本保值增值率	%	155.8	154.1	114.3	170.8	120.7	1.7
资产负债率	%	58.2	59.9	63.7	61.5	65.6	-1.7
流动资产周转率	次/年	100.8	103.6	1.0	0.8	0.8	-2.8
成本费用利用率	%	5.0	5.9	5.3	5.1	5.4	-0.9
全员劳动生产率	元/（人·年）	142959	136427	112100	103415	112613	6532
产品销售率	%	95.5	94.7	95.0	97.2	97.5	0.8

4.4 2014年各地区民用航空工业企业收入成本及效益（见表4－4）

表4－4 2014年各地区民用航空工业企业收入成本及效益

地区	营业收入/万元	同比增长/%	营业成本/万元	同比增长/%	利润总额/万元	同比增长/%
全国总计	**25734992**	**5.6**	**21587676**	**8.4**	**1287870**	**－3.7**
北京	977376	32.3	769393	33.8	87518	29.9
天津	2478846	32.5	2085180	31.0	355644	34.0
河北	637809	23.1	514655	27.0	60813	26.2
山西	69370	15.3	49426	12.2	7994	12.0
辽宁	2646820	1.0	2353859	0.5	97291	12.9
吉林	36820	22.0	31902	26.3	434	－153.8
黑龙江	1221627	15.2	1086142	15.2	16554	37.1
上海	793412	14.1	688569	13.9	31459	－23.9
江苏	2687973	－10.4	2223424	20.7	110924	－35.5
浙江	57520	68.2	47123	70.3	3491	107.1
安徽	87112	－86.4	79457	－84.6	－9638	－119.3
福建	152699	3.9	101469	0.1	19549	29.1
江西	1998724	20.5	1867788	20.8	51905	17.7
山东	167761	14.2	120253	53.4	21043	50.8
河南	385444	－40.9	314725	－35.1	12068	－78.3
湖北	855289	7.2	690855	6.6	21983	42.6
湖南	916139	5.2	766793	7.9	22444	－30.3
广东	1093196	69.3	573567	11.1	139800	114.9
四川	1943835	13.1	1635287	10.5	89551	39.9
贵州	1056677	19.4	904831	22.2	16824	－40.4
云南	13709	282.2	11493	263.5	6	－97.8
陕西	5419276	－2.3	4647682	－0.6	124867	－49.3
甘肃	37558		23802		5346	
总计中						
中国航空工业集团公司	16769185	3.6	14459974	4.5	558524	－16.4
中国商用飞机有限责任公司	504069	17.2	475373	16.5	2167	－81.0
中国电子科技集团公司	2809739	－1.7	2387149	2.6	105530	－56.7
中国航天科工集团公司	398334		308110		37114	
地方民用航空工业企业	5153665	5.3	3957070	17.9	573837	38.7

4.5　2014年各地区民用航空工业固定资产投资和研发投入（见表4－5）

表4－5　2014年各地区民用航空工业固定资产投资和研发投入

地区	民用航空产品研究与试验发展经费支出/万元	同比增长/%	民用航空产品固定资产投资/万元	同比增长/%
全国总计	**672174**	**70.0**	**615216**	**57.9**
北　京	21969	－5.0	12456	227.9
天　津	1628	178.3	433	
河　北	2944	－19.4	42235	71.2
山　西	408	251.7	13	
辽　宁	5082	36.1	12671	－26.5
黑龙江	25291	－29.8		
上　海	357793	80.9	319301	86.6
江　苏	4292	19.3	30947	1835.4
浙　江	2240	15.4	5811	5.3
安　徽	48	－85.4		
江　西	38845	87.5		
山　东	7505	2.8	1084	－93.5
河　南	2246	418.7		
湖　北	7950	1111.9	13296	181.7
湖　南	5909	562.4	1262	－79.5
广　东	39915	159.4	86653	169.4
四　川	27404	－9.1	31371	1.9
贵　州	529		320	－78.7
云　南			1331	
陕　西	120176		56032	7.5
总计中				
中国航空工业集团公司	255311	52.7	131285	－13.9
中国商用飞机有限责任公司	352419	77.5	331095	93.5
中国电子科技集团公司	14579		10984	
中国航天科工集团公司	306		77	
地方民用航空工业企业	42059	47.6	121774	84.7

5 附　　录

民用航空工业统计报表制度

中华人民共和国工业和信息化部制定
中 华 人 民 共 和 国 国 家 统 计 局 批 准
2015 年 3 月

本报表制度根据《中华人民共和国统计法》的有关规定制定

《中华人民共和国统计法》的第七条规定：国家机关、社会团体、企业事业组织和个体工商户等统计调查对象，必须依照本法和国家规定，如实提供统计资料，不得虚报、瞒报、迟报，不得伪造、篡改。基层群众性自治组织和公民有义务如实提供国家统计调查所需要的情况。

《中华人民共和国统计法》第九条规定：统计机构、统计人员对在统计调查中知悉的统计调查对象的商业秘密，负有保密义务。

目　　录

一、总说明
二、报表目录
三、调查表式
（一）年报
1. 法人单位基本情况
2. 民用航空产品交付情况
3. 民用航空产品新增订单和储备订单
4. 民用航空产品转包生产情况
5. 生产、销售总值
6. 主要经济指标
（二）定报
1. 生产、销售总值
2. 民用航空产品生产经营情况
3. 民用航空产品转包生产情况
四、主要指标解释
五、行业分类注释

一、总　说　明

（一）统计目的

为准确、及时了解中国民用航空工业企事业的科研、生产及经济运行情况，有效地实施行业管理，为各级领导、政府主管部门决策提供依据，为行业提供信息服务，依照《中华人民共和国统计法》的规定，特制定民用航空工业统计报表制度。

（二）统计范围

从事民用航空器、民用航空发动机、机载系统和设备、零部件、地面设备、随机工具等研发、制造和修理的规模以上企业单位和全部事业单位。地面设备指与飞机相连接的部件或设备。企事业单位包括工业企业、科研院所和大专院校等。事业单位研发活动情况按工业企业表式上报。

民用航空器指已取得民用航空适航型号合格证与生产许可证，和以取得民用航空适航型号合格证与生产许可证为研制目标的航空飞行器。包括干线飞机、支线飞机、通用飞机、民用直升机和无人机（固定翼和旋翼）、民用特种飞行器（包括地效飞机、水上飞机、飞艇）等。

（三）统计内容

1. 法人单位基本情况。
2. 民用航空产品交付情况。
3. 民用航空产品新增订单和储备订单。
4. 民用航空产品转包生产情况。
5. 生产、销售总值。
6. 主要经济指标。

（四）汇总上报要求

1. 各省、自治区和直辖市民用航空工业管理部门和中国航空工业集团公司、中国商用飞机有限责任公司为二级汇总单位。各省、自治区和直辖市民用航空工业管理部门负责审核本地区非中国航空工业集团公司、中国商用飞机有限责任公司下属单位的数据，中国航空工业集团公司、中国商用飞机有限责任公司负责审核集团内统计单位数据，审核后集中上报。

2. 年报上报时间：各单位应于 2 月 28 日前将报表在全国民用航空统计信息平台报送，二级汇总单位于 4 月 20 日前将汇总表报送至国防科工局信息中心。

3. 定期报表上报时间：各单位于季后 10 日前将报表报送至全国民用航空统计信息平台。

通信地址：北京市第 8184 号信箱　　邮政编码：100081
联系单位：国防科工局信息中心　　联系人：林丽　赵奕然
联系电话：010－88581252 88529312　　传　真：010－88529333
E－mail：cicdata@ sohu. com

（五）统计资料公布时间及方式：民用航空年报及有关行业整体数据于次年 10 月通过《中国民用航空年鉴》公布，可以与有需求的部委共享。

（六）本报表制度经国家统计局（国统制［2015］30 号）审核批准。

二、报 表 目 录

表号	表名	报告期别	统计范围	报送单位	报送日期及方式	页码
工信航空年1表	法人单位基本情况	年报	各省、自治区、直辖市及中国航空工业集团公司、中国商用飞机有限责任公司下属从事民用航空器、民用航空发动机、机载系统和设备、零部件、地面设备、随机工具等研发、制造和修理的规模以上企业单位和全部事业单位	各省、自治区、直辖市及中国航空工业集团公司、中国商用飞机有限责任公司下属从事民用航空器、民用航空发动机、机载系统和设备、零部件、地面设备、随机工具等研发、制造和修理的规模以上企业单位和全部事业单位	2月28日前（二级汇总单位4月20日前）汇总报送	4
工信航空年2表	民用航空产品交付情况	年报	各省、自治区、直辖市及中国航空工业集团公司、中国商用飞机有限责任公司下属从事民用航空器、民用航空发动机、机载系统和设备、零部件、地面设备、随机工具等研发、制造和修理的规模以上企业单位和全部事业单位	各省、自治区、直辖市及中国航空工业集团公司、中国商用飞机有限责任公司下属从事民用航空器、民用航空发动机、机载系统和设备、零部件、地面设备、随机工具等研发、制造和修理的规模以上企业单位和全部事业单位	2月28日前（二级汇总单位4月20日前）汇总报送	5
工信航空年3表	民用航空产品新增订单和储备订单	年报	各省、自治区、直辖市及中国航空工业集团公司、中国商用飞机有限责任公司下属从事民用航空器、民用航空发动机、机载系统和设备、零部件、地面设备、随机工具等研发、制造和修理的规模以上企业单位和全部事业单位	各省、自治区、直辖市及中国航空工业集团公司、中国商用飞机有限责任公司下属从事民用航空器、民用航空发动机、机载系统和设备、零部件、地面设备、随机工具等研发、制造和修理的规模以上企业单位和全部事业单位	2月28日前（二级汇总单位4月20日前）汇总报送	6
工信航空年4表	民用航空产品转包生产情况	年报	各省、自治区、直辖市及中国航空工业集团公司、中国商用飞机有限责任公司下属从事民用航空器、民用航空发动机、机载系统和设备、零部件、地面设备、随机工具等研发、制造和修理的规模以上企业单位和全部事业单位	各省、自治区、直辖市及中国航空工业集团公司、中国商用飞机有限责任公司下属从事民用航空器、民用航空发动机、机载系统和设备、零部件、地面设备、随机工具等研发、制造和修理的规模以上企业单位和全部事业单位	2月28日前（二级汇总单位4月20日前）汇总报送	7

续表

表号	表名	报告期别	统计范围	报送单位	报送日期及方式	页码
工信航空年5表	生产、销售总值	年报	各省、自治区、直辖市及中国航空工业集团公司、中国商用飞机有限责任公司下属从事民用航空器、民用航空发动机、机载系统和设备、零部件、地面设备、随机工具等研发、制造和修理的规模以上企业单位和全部事业单位	各省、自治区、直辖市及中国航空工业集团公司、中国商用飞机有限责任公司下属从事民用航空器、民用航空发动机、机载系统和设备、零部件、地面设备、随机工具等研发、制造和修理的规模以上企业单位和全部事业单位	2月28日前（二级汇总单位4月20日前）汇总报送	8
工信航空年6表	主要经济指标	年报	各省、自治区、直辖市及中国航空工业集团公司、中国商用飞机有限责任公司下属从事民用航空器、民用航空发动机、机载系统和设备、零部件、地面设备、随机工具等研发、制造和修理的规模以上企业单位和全部事业单位	各省、自治区、直辖市及中国航空工业集团公司、中国商用飞机有限责任公司下属从事民用航空器、民用航空发动机、机载系统和设备、零部件、地面设备、随机工具等研发、制造和修理的规模以上企业单位和全部事业单位	2月28日前（二级汇总单位4月20日前）汇总报送	9
工信航空定1表	生产、销售总值	季报	各省、自治区、直辖市及中国航空工业集团公司、中国商用飞机有限责任公司下属从事民用航空器、民用航空发动机、机载系统和设备、零部件、地面设备、随机工具等研发、制造和修理的规模以上企业单位和全部事业单位	重点民用航空产品生产企业	4月、7月、10月和1月10日前网上报送	10
工信航空定2表	民用航空产品生产经营情况	季报	各省、自治区、直辖市及中国航空工业集团公司、中国商用飞机有限责任公司下属从事民用航空器、民用航空发动机、机载系统和设备、零部件、地面设备、随机工具等研发、制造和修理的规模以上企业单位和全部事业单位	重点民用航空产品生产企业	4月、7月、10月和1月10日前网上报送	11
工信航空定3表	民用航空产品转包生产情况	季报	各省、自治区、直辖市及中国航空工业集团公司、中国商用飞机有限责任公司下属从事民用航空器、民用航空发动机、机载系统和设备、零部件、地面设备、随机工具等研发、制造和修理的规模以上企业单位和全部事业单位	重点民用航空产品生产企业	4月、7月、10月和1月10日前网上报送	12

三、调查表式

（一）年报

法人单位基本情况

表　　号：工信航空年1表
制定机关：工业和信息化部
批准机关：国家统计局
批准文号：国统制［2015］30号
有效期至：2017年3月

201　年

01 组织机构代码 □□□□□□□□–□
02 法人单位名称：________________
03 法定代表人（负责人）：________________

04 单位所在地及行政区划
________省（自治区、直辖市）________地（区、市、州、盟）________县（区、市、旗）
________乡（镇）________________街（村）、门牌号

05 联系方式
区　　号 □□□□□
电话号码 □□□□□□□□□□□
分 机 号 □□□□□□
传真号码 □□□□□□□□
邮政编码 □□□□□□

电子信箱________________
网　　址________________

0601　行业类别________________；　　行业代码 □□□□
0602　主要民用航空产品名称
1 ________；2 ________；3 ________
4 ________；5 ________；6 ________

07 登记注册类型

内资	149 其他联营	174 私营股份有限公司	290 其他港澳台商投资
110 国有	151 国有独资公司	190 其他	外商投资
120 集体	159 其他有限责任公司	港澳台商投资	310 中外合资经营
130 股份合作	160 股份有限公司	210 与港澳台商合资经营	320 中外合作经营
141 国有联营	171 私营独资	220 与港澳台商合作经营	330 外资企业
142 集体联营	172 私营合伙	230 港澳台商独资	340 外商投资股份有限公司
143 国有与集体联营	173 私营有限责任公司	240 港澳台商投资股份有限公司	390 其他外商投资

□□□

08 控股情况　110 国有控股　120 集体控股　210 私人控股　220 港澳台商控股　230 外商控股　□□□

09 企业主要出资人情况
公司名称：________________　出资比例：____%
公司名称：________________　出资比例：____%
公司名称：________________　出资比例：____%

10 企业境外投资情况　1 有　2 无　□
主要投资国别：________对境外投资额：________万元
主要投资国别：________对境外投资额：________万元

11 企业利用外资情况　1 有　2 无　□
外资公司名称：________利用外资额：________万元
外资公司名称：________利用外资额：________万元

12 特种行业许可证审批单位：________________

单位负责人：　　　统计负责人：　　　填表人：　　　报出日期：201　年　月　日

说明：1. 本表由各省、自治区、直辖市民用航空工业管理部门、中国航空工业集团公司、中国商用飞机有限责任公司、中国电子科技集团公司、中国航天科工集团公司报送分单位数据。
2. 统计范围是各省、自治区、直辖市及中国航空工业集团公司下属从事民用航空器、民用航空发动机、机载系统和设备、零部件、地面设备、随机工具等研发、制造和修理的规模以上企业单位和全部事业单位。
3. 报送时间为2月28日前，报送方式为网上报送。

民用航空产品交付情况

表　　号：工信航空年 2 表
制定机关：工业和信息化部
批准机关：国家统计局
批准文号：国统制［2015］30 号
有效期至：2017 年 3 月

企业详细名称　　　　　　201　年

指标名称	代码	累计交付数量（含本年）（架/台）	本年交付		其中：本年出口（不含转包生产）	
			数量（架/台）	金额（万元）	数量（架/台）	金额（万元）
民用飞机合计	01					
按型号分：民用飞机 1	02					
民用飞机 2	03					
民用飞机 3	04					
民用飞机 4	05					
民用飞机 5	06					
民用航空发动机整机合计	07					
按型号分：民用航空发动机 1	08					
民用航空发动机 2	09					
民用航空发动机 3	10					
民用航空发动机 4	11					
民用航空发动机 5	12					
民用飞机零部件	13	—	—		—	
民用航空发动机零部件	14	—	—		—	
其他民用航空产品及零部件	15	—	—		—	
民用飞机修理（不含发动机）	16	—	—		—	
民用航空发动机修理	17	—	—		—	
其他民用航空产品及零部件修理	18	—	—		—	

单位负责人：　　　　统计负责人：　　　　填表人：　　　　报出日期：201　年　月　日

说明：1. 本表由各省、自治区、直辖市民用航空工业管理部门、中国航空工业集团公司、中国商用飞机有限责任公司、中国电子科技集团公司、中国航天科工集团公司报送分单位数据。

2. 统计范围是各省、自治区、直辖市及中国航空工业集团公司下属从事民用航空器、民用航空发动机、机载系统和设备、零部件、地面设备、随机工具等研发、制造和修理的规模以上企业单位和全部事业单位。

3. 报送时间为 2 月 28 日前，报送方式为网上报送。

民用航空产品新增订单和储备订单

表　　号：工信航空年3表
制定机关：工业和信息化部
批准机关：国家统计局
批准文号：国统制［2015］30号
有效期至：2017年3月

企业详细名称　　　　201　年

指标名称	代码	计量单位	新增订单		其中：出口（不含转包生产）		储备订单		其中：出口（不含转包生产）	
			确认订单	意向订单	确认订单	意向订单	确认订单	意向订单	确认订单	意向订单
民用飞机合计	01	架								
其中：民用飞机1	02	架								
民用飞机2	03	架								
民用飞机3	04	架								
民用飞机4	05	架								
民用飞机5	06	架								
民用航空发动机整机合计	07	台								
其中：民用航空发动机1	08	台								
民用航空发动机2	09	台								
民用航空发动机3	10	台								
民用航空发动机4	11	台								
民用航空发动机5	12	台								
民用飞机零部件	13	万元								
民用航空发动机零部件	14	万元								
其他民用航空产品及零部件	15	万元								
民用飞机修理（不含发动机）	16	万元								
民用航空发动机修理	17	万元								
其他民用航空产品及零部件修理	18	万元								

单位负责人：　　　　统计负责人：　　　　填表人：　　　　报出日期：201　年　月　日

说明：1. 本表由各省、自治区、直辖市民用航空工业管理部门、中国航空工业集团公司、中国商用飞机有限责任公司、中国电子科技集团公司、中国航天科工集团公司报送分单位数据。

2. 统计范围是各省、自治区、直辖市及中国航空工业集团公司下属从事民用航空器、民用航空发动机、机载系统和设备、零部件、地面设备、随机工具等研发、制造和修理的规模以上企业单位和全部事业单位。

3. 报送时间为2月28日前，报送方式为网上报送。

民用航空产品转包生产情况

表　　号：工信航空年4表
制定机关：工业和信息化部
批准机关：国家统计局
批准文号：国统制［2015］30号
有效期至：2017年3月

企业详细名称　　　　　　201　年　　　　　　计量单位：万美元

指标名称	本年交付金额	本年新增订单金额	储备订单金额
民用飞机零部件			
民用发动机零部件			
其他民用航空产品及零部件			

单位负责人：　　　统计负责人：　　　填表人：　　　报出日期：201　年　月　日

说明：1. 本表由各省、自治区、直辖市民用航空工业管理部门、中国航空工业集团公司、中国商用飞机有限责任公司、中国电子科技集团公司、中国航天科工集团公司报送分单位数据。

2. 统计范围是各省、自治区、直辖市及中国航空工业集团公司下属从事民用航空器、民用航空发动机、机载系统和设备、零部件、地面设备、随机工具等研发、制造和修理的规模以上企业单位和全部事业单位。

3. 报送时间为2月28日前，报送方式为网上报送。

生产、销售总值

表　　号：工信航空年5表
制定机关：工业和信息化部
批准机关：国家统计局
批准文号：国统制［2015］30号
有效期至：2017年3月

企业详细名称　　　　　　201　年

指标名称	代码	计量单位	本年实际
工业总产值（当年价格）	01	万元	
其中：新产品产值	02	万元	
其中：民用飞机产品产值	03	万元	
民用飞机零部件产品产值	04	万元	
民用航空发动机产品产值	05	万元	
民用航空发动机零部件产品产值	06	万元	
其他民用航空产品及零部件产值	07	万元	
民用飞机修理产值（不含发动机）	08	万元	
民用航空发动机修理产值	09	万元	
其他民用航空产品及零部件修理产值	10	万元	
民用飞机机载系统和设备产值	11	万元	
工业销售产值（当年价格）	12	万元	
其中：出口交货值	13	万元	
全部从业人员年平均人数	14	人	

单位负责人：　　　统计负责人：　　　填表人：　　　报出日期：201　年　月　日

说明：1. 本表由各省、自治区、直辖市民用航空工业管理部门、中国航空工业集团公司、中国商用飞机有限责任公司、中国电子科技集团公司、中国航天科工集团公司报送分单位数据。

2. 统计范围是各省、自治区、直辖市及中国航空工业集团公司下属从事民用航空器、民用航空发动机、机载系统和设备、零部件、地面设备、随机工具等研发、制造和修理的规模以上企业单位和全部事业单位。

3. 报送时间为2月28日前，报送方式为网上报送。

主要经济指标

表　　号：工信航空年6表
制定机关：工业和信息化部
批准机关：国家统计局
批准文号：国统制［2015］30号

企业详细名称　　　　　　　　　　　　201　年　　　　　　　　有效期至：2017年3月

指标名称	代码	计量单位	本年实际
一、年末资产负债	—	—	
流动资产合计	01	万元	
流动资产余额	02	万元	
固定资产合计	03	万元	
固定资产原价	04	万元	
其中：生产经营用	05	万元	
固定资产净值余额	06	万元	
资产总计	07	万元	
负债合计	08	万元	
所有者权益合计	09	万元	
其中：实收资本	10	万元	
二、损益及分配	—	—	
营业收入	11	万元	
其中：民用航空产品收入	12	万元	
营业成本	13	万元	
营业税金及附加	14	万元	
其他业务利润	15	万元	
营业费用	16	万元	
管理费用	17	万元	
财务费用	18	万元	
其中：利息支出	19	万元	
营业利润	20	万元	
补贴收入	21	万元	
利润总额	22	万元	
应交所得税	23	万元	
三、其他	—	—	
本年应交增值税	24	万元	
本年固定资产投资额	26	万元	
其中：民用航空产品	27	万元	
全部从业人员人数	28	人	
其中：工程技术人员	29	人	
其中：研究与试验发展人员	30	人	
研究与试验发展经费支出	31	万元	
其中：民用航空产品	32	万元	

单位负责人：　　　　　　统计负责人：　　　　　　填表人：　　　　　　报出日期：201　年　月　日

说明：1. 本表由各省、自治区、直辖市民用航空工业管理部门、中国航空工业集团公司、中国商用飞机有限责任公司、中国电子科技集团公司、中国航天科工集团公司报送分单位数据。

2. 统计范围是各省、自治区、直辖市及中国航空工业集团公司下属从事民用航空器、民用航空发动机、机载系统和设备、零部件、地面设备、随机工具等研发、制造和修理的规模以上企业单位和全部事业单位。

3. 报送时间为2月28日前，报送方式为网上报送。

（二）定期报表

生产销售总值

表　　号：工信航空定 1 表
制定机关：工业和信息化部
批准机关：国家统计局
批准文号：国统制［2015］30 号
有效期至：2017 年 3 月

企业详细名称：　　　　201　年　季

指标名称	代码	计量单位	本季止累计	上年同期止累计
一、工业总产值（当年价格）	01	万元		
其中：民用飞机产品产值	02	万元		
民用飞机零部件产品产值	03	万元		
民用航空发动机产品产值	04	万元		
民用航空发动机零部件产品产值	05	万元		
其他民用航空产品及零部件产值	06	万元		
民用飞机修理产值（不含发动机）	07	万元		
民用航空发动机修理产值	08	万元		
其他民用航空产品及零部件修理产值	09	万元		
民用航空机载系统和设备产值	10	万元		
二、工业销售产值（当年价格）	11	万元		
其中：出口交货值	12	万元		
三、营业收入	13	万元		
其中：民用航空产品收入	14	万元		
四、利润总额	15	万元		

单位负责人：　　　　统计负责人：　　　　填表人：　　　　报出日期：201　年　月　日

说明：1. 本表由各省、自治区、直辖市民用航空工业管理部门、中国航空工业集团公司、中国商用飞机有限责任公司、中国电子科技集团公司、中国航天科工集团公司报送分单位数据。

2. 统计范围是重点民用航空产品生产企业。

3. 报送时间为季后 10 日前，报送方式为电子邮件。

民用航空产品生产经营情况

表　　号：工信航空年 2 表
制定机关：工业和信息化部
批准机关：国家统计局
批准文号：国统制［2015］30 号

企业详细名称：　　　　　　201　年　季　　　　　　有效期至：2017 年 3 月

指标名称	计量单位	交付数量				新增订单					
		本季止累计	其中：出口	上年同期止累计	其中：出口	本季止累计		其中：出口		上年同期止累计	
						确认订单	意向订单	确认订单	意向订单	确认订单	意向订单
甲	乙	1	2	3	4	5	6	7	8	9	10
民用飞机合计	架										
根据本企业生产飞机型号（例如“新舟”60、ARJ21 等）分别填报	架										
民用航空发动机整机合计	台										
根据本企业生产发动机型号（例如涡扇 8A 航空发动机等）分别填报	台										

指标名称	计量单位	新增订单上年同期		储备订单							
		其中：出口		本季止累计		其中：出口		上年同期止累计		其中：出口	
		确认订单	意向订单	确认订单	意向订单	确认订单	意向订单	确认订单	意向订单	确认订单	意向订单
甲	乙	11	12	13	14	15	16	17	18	19	20

补充资料：
本季止交付飞机（发动机）合同金额＿＿＿＿＿＿＿＿＿＿ 万元　　　　其中：出口　　　万元
本季止新增确认订单飞机（发动机）合同金额＿＿＿＿＿＿ 万元　　　　其中：出口　　　万元
本季止储备确认订单飞机（发动机）合同金额＿＿＿＿＿＿ 万元　　　　其中：出口　　　万元

单位负责人：　　　　统计负责人：　　　　填表人：　　　　电话：　　　　报出日期：201　年　月　日

民用航空产品转包生产情况

表　　号：工信航空定 3 表
制定机关：工业和信息化部
批准机关：国家统计局
批准文号：国统制［2015］30 号
有效期至：2017 年 3 月

企业详细名称　　　　201　年　季　　　　计量单位：万美元

指标名称	交付金额		新增订单金额		储备订单金额	
	本季止累计	上年同期止累计	本季止累计	上年同期止累计	本季止累计	上年同期止累计
民用飞机零部件						
民用发动机零部件						
其他民用航空产品及零部件						

单位负责人：　　统计负责人：　　填表人：　　报出日期：201　年　月　日

说明：1. 本表由各省、自治区、直辖市民用航空工业管理部门、中国航空工业集团公司、中国商用飞机有限责任公司、中国电子科技集团公司、中国航天科工集团公司报送分单位数据。

2. 统计范围是重点民用航空产品生产企业。

3. 报送时间为季后 10 日前，报送方式为电子邮件。

四、主要指标解释

（一）法人单位基本情况

1. 组织机构代码（01）：指根据中华人民共和国国家标准《全国组织机构代码编制规则》（GB11714—1997），由组织机构代码登记主管部门给每个企业、事业单位、机关、社会团体和民办非企业颁发的在全国范围内唯一的、始终不变的法定代码。单位代码共9位，无论是法人单位还是产业活动单位，单位代码均由8位无属性的数字和一位校验码组成。所有单位均填写本项。

（1）法定代码填写规定

已经领取了法定代码的法人单位和产业活动单位必须使用法定代码，不得使用临时代码。在填写时，要按照技术监督部门颁发的《中华人民共和国组织机构代码证》上的代码填写，（也可参照税务部门颁发的税务登记证书上的税务登记号的后9位填写）。

（2）临时代码使用规定

尚未领到法定代码或不属于法定代码赋码范围的单位，一律由各级统计部门从临时码段中赋予代码。

★主要审核要求：

（1）所有单位均不能漏填；

（2）法人单位代码长度必须为9个字符；

（3）不能含有0－9或A－Z（必须大写）之外的字符。

2. 法人单位名称（02）：指经有关部门批准正式使用的单位全称。所有单位均填写本项。

企业的详细名称按工商部门登记的名称填写；行政、事业单位的详细名称按编制部门登记、批准的名称填写；社会团体、民办非企业单位和基层群众自治组织的详细名称按民政部门登记、批准的名称填写。填写时要求使用规范化汉字填写，并与单位公章所使用的名称完全一致。

凡经登记主管机关核准或批准，具有两个或两个以上名称的单位，要求填写一个法人单位名称，同时用括号注明其余的单位名称。

★主要审核要求：

（1）所有单位均不能漏填；

（2）必须与单位公章所使用的名称完全一致；

（3）使用规范的汉字。

3. 法定代表人（单位负责人）（03）：指依照法律或者法人组织章程规定，代表法人行使职权的负责人。所有单位均填写本项。

企业法定代表人按《企业法人营业执照》法定代表人填写；事业单位法定代表人按《事业单位法人证书》填写；机关的法定代表人填写单位主要负责人；社团法定代表人按《社团法人登记证》填写；民办非企业单位按《民办非企业登记证书》填写；产业活动单位填写本单位的主要负责人。

★主要审核要求：

（1）所有单位均不能漏填；

（2）不能填写官称或职称。

4. 单位详细地址（04）：要求写明单位所在的省（自治区、直辖市）、地（区、市、州、盟）、县（区、市、旗）、乡（镇）以及具体街（村）的名称和详细的门牌号码，不能填写通讯号码或通讯信箱号码。所有单位均填写本项。

★主要审核要求：

（1）所有单位均不能漏填；

（2）街（村）、门牌号要详细填写。

5. 联系方式（05）：包括长途区号、电话号码、分机号、传真号码、邮政编码、电子信箱。所有单位均填写本项。

在填写电话号码时，将号码以左顶齐方式从左向右填写在方框内；号码超过所列空位时，向方框外右面扩充。电话号码以填写固定座机电话号码为主，对于确实没有座机电话号码的单位，可以填写主要负责人的移动电话号码。

★主要审核要求：

（1）所有单位均不能漏填；

（2）不能含有 0—9 之外的字符；

（3）长途区号首位必须为 0。

6. 行业类别（06）：是根据其从事的社会经济活动性质对各类调查单位进行分类。填报时应统一按照国家统计局 2002 年制定的《国民经济行业分类与代码》（GB/T4754—2002）的小类类别和代码填写。一个企业属于哪个工业行业，是按正常生产情况下生产的主要产品的性质（按其重要程度或总产值所占比重），把整个企业划入某一工业行业小类内。所有单位均填写本项。

7. 登记注册类型（07）：指企业或企业产业活动单位的登记注册类型，按其在工商行政管理机关登记注册的类型填写。所有单位均填报本项。

机关、事业单位和社会团体及其他组织的登记注册类型，按其主要经费来源和管理方式，根据实际情况，比照《企业登记注册类型与代码》确定。

工商行政管理部门对企业（单位）登记注册的类型分为以下几种：

（1）国有企业：指企业全部资产归国家所有，并按《中华人民共和国企业法人登记管理条例》规定登记注册的非公司制的经济组织。不包括有限责任公司中的国有独资公司。

（2）集体企业：指企业资产归集体所有，并按《中华人民共和国企业法人登记管理条例》规定登记注册的经济组织。

（3）股份合作企业：指以合作制为基础，由企业职工共同出资入股，吸收一定比例的社会资产投资组建，实行自主经营，自负盈亏，共同劳动，民主管理，按劳分配与按股分红相结合的一种集体经济组织。

（4）联营企业：两个及两个以上相同或不同所有制性质的企业法人或事业单位法人，按自愿、平等、互利的原则，共同投资组成的经济组织称为联营企业。联营企业包括国有联营企业、集体联营企业、国有与集体联营企业和其他联营企业。

国有联营企业：指所有联营单位均为国有。

集体联营企业：指所有联营单位均为集体。

国有与集体联营企业：指联营单位既有国有也有集体。

其他联营企业：指上述三种联营企业之外的其他联营形式的企业。

（5）有限责任公司：根据《中华人民共和国公司登记管理条例》规定登记注册，由两个以上，50 个以下的股东共同出资，每个股东以其所认缴的出资额对公司承担有限责任，公司以其全部资产对其债务承担责任的经济组织称为有限责任公司。有限责任公司分为国有独资公司以及其他有限责任公司。

国有独资公司：指国家授权的投资机构或者国家授权的部门单独投资设立的有限责任公司。

其他有限责任公司：是国有独资公司以外的其他有限责任公司。

（6）股份有限公司：指根据《中华人民共和国公司登记管理条例》规定登记注册，其全部注册资本由等额股份构成并通过发行股票筹集资本，股东以其认购的股份对公司承担有限责任，公司以其全部资产对其债务承担责任的经济组织。

（7）私营企业：由自然人投资设立或由自然人控股，以雇佣劳动为基础的营利性经济组织称为私营企业。包括按照《公司法》《合伙企业法》《私营企业暂行条例》以及《个人独资企业法》规定登记注册的私营独资企业、私营有限责任公司、私营股份有限公司、私营合伙企业和个人独资企业。

私营独资企业：指按《私营企业暂行条例》的规定，由一名自然人投资经营，以雇佣劳动为基础，投资者对企业债务承担无限责任的企业。

个人独资企业：指按《个人独资企业法》《个人独资企业登记管理办法》的规定，由一个自然人投资，财产为投资人个人所有，投资人以其个人财产对企业债务承担无限责任的经营实体。个人独资企业填表时归入私营独资企业。

私营合伙企业：指按《合伙企业法》或《私营企业暂行条例》的规定，由两个以上自然人按照协议共同投资、共同经营、共负盈亏，以雇佣劳动为基础，对债务承担无限责任的企业。

私营有限责任公司：指按《公司法》《私营企业暂行条例》的规定，由两个以上自然人投资或由单个自然人控股的有限责任公司。

私营股份有限公司：指按《公司法》的规定，由 5 个以上自然人投资，或由单个自然人控股的股份有限公司。

（8）其他内资企业：指上述第（1）条至第（7）条之外的其他内资经济组织。

（9）与港澳台商合资经营企业：指港澳台地区投资者与内地的企业依照《中华人民共和国中外合资经营企业法》及有关法律的规定，按合同规定的比例投资设立，分享利润和分担风险的企业。

（10）与港澳台商合作经营企业：指港澳台地区投资者与内地企业依照《中华人民共和国中外合作经营企业法》及有关法律的规定，依照合作合同的约定进行投资或提供条件设立，分配利润、分担风险和亏损的企业。

（11）港澳台商独资经营企业：指依照《中华人民共和国外资企业法》及有关法律的规定，在内地设立的由港澳台地区投资者在内地全额投资设立的企业。

（12）港澳台商投资股份有限公司：指根据国家有关规定，经商务部（原外经贸部）批准设立，并且其中港、澳、台商的股本占公司注册资本的比例达 25% 以上的股份有限公司。凡其中港、澳、台商的股本占公司注册资本的比例小于 25% 的，属于内资中的股份有限公司。

（13）中外合资经营企业：指外国企业或外国人与中国内地企业依照《中华人民共和国中外合资经营企业法》及有关法律的规定，按合同规定的比例投资设立，分享利润和分担风险的企业。

（14）中外合作经营企业：指外国企业或外国人与中国内地企业依照《中华人民共和国中外合作经营企业法》及有关法律的规定，依照合作合同的约定进行投资或提供条件设立，分配利润、分担风险和亏损的企业。

（15）外资企业：指依照《中华人民共和国外资企业法》及有关法律的规定，在中国内地设立的由外国投资者全额投资设立的企业。

（16）外商投资股份有限公司：指根据国家有关规定，经商务部（原外经贸部）批准设立，并且其中外资的股本占公司注册资本的比例达 25% 以上的股份有限公司。凡其中外资股本占公司注册资本的比例小于 25% 的，属于内资中的股份有限公司。

在具体填报时应注意：

（1）社区（居委会）、村委会的登记注册类型应选填“其他内资”；

（2）如单位登记注册类型改变，但未重新办理变更登记，应按原登记注册类型填写；

（3）对营业执照上的登记注册类型只填写“有限责任公司”的情况，统计人员要认真查询。首先，查看其《营业执照》上编码，区分是私营企业还是非私营企业。其识别方法为看营业执照上的编码左数第七位，为 1 的是非私营企业，为 2 的是私营企业；然后，再根据其是否为国家授权的投资机构或者国家授权的部门单独投资设立的公司来确定其登记注册类型是“国有独资公司”还是“其他有限责任公司”，并填写相应的代码。

★主要审核要求：

（1）所有单位均不能漏填；

（2）不能含有表中所列代码以外的任何字符。

8. 主要民用航空产品名称：指已取得民用航空适航型号合格证与生产许可证，和以取得民用航空适航型号合格证与生产许可证为研制目标的航空飞行器名称。

9. 企业境外投资情况（10）：填报本单位对外投资国别、金额情况。

10. 企业利用外资情况（11）：填报本单位利用外资国别、金额情况。

11. 特种行业许可证审批单位（12）：填报审批许可证机关名称。

（二）民用航空产品交付情况

1. 民用航空产品：民用航空器指已取得民用航空适航型号合格证与生产许可证，和以取得民用航空适航型号合格证与生产许可证为研制目标的航空飞行器。

2. 交付订单：是指报告期交付的全部有效合同订单，其中：本年出口不包括转包生产。

3. 累计交付数量：是指该产品自首次交付起至报告期止所有有效合同订单数量，即民用飞机累计交付架数、发动机整机个数。

（三）民用航空产品新增订单和储备订单

1. 民用航空产品：民用航空器指已取得民用航空适航型号合格证与生产许可证，和以取得民用航空适航型号合格证与生产许可证为研制目标的航空飞行器。

2. 新增订单合同：是指报告期内新增的全部合同订单，包括确认订单和意向订单，其中出口不包括转包生产。

3. 储备订单合同：是指报告期末尚未交付的全部合同订单，包括确认订单和意向订单，其中出口不包括转包生产。

（四）民用航空产品转包生产情况

转包生产：转包业务是航空制造业的一种贸易方式，是严格按照外国公司的图纸、工艺、质量及交付进度要求，由中国的航空制造企业为外国公司生产飞机和航空发动机等零部件或有关设备的工业生产行为，其包括飞机、航空发动机、航空机载设备及其衍生产品的零部件和航空地面设备等，在中国属于“加工贸易”范畴。

（五）生产、销售总值

1. 工业总产值（当年价格）（01）：指工业企业在本年内生产的以货币形式表现的工业最终产品和提供工业劳务活动的总价值量。

（1）工业总产值计算应遵循的原则

①工业生产的原则。即凡是企业在本年内生产的最终产品和提供的劳务，均应包括在内。其中的最终产品，不管是否在本年内销售，只要是本年内生产的，就应包括在内。凡不是工业生产的产品，均不得计入工业总产值。

②最终产品的原则。即企业生产的成品价值必须是本企业生产的，经检验合格不需再进行任何加工的最终产品。企业对外销售的半成品也应视为最终产品计入工业总产值。而在本企业内各车间转移的半成品和在制品只能计算其期末期初差额价值。

③“工厂法”原则。即以法人工业企业作为一个整体计算工业总产值，是其本年内生产的最终产品和提供劳务的总价值量。

（2）工业总产值的内容

包括三部分：生产的成品价值、对外加工费收入、自制半成品在制品期末期初差额价值。

①成品价值：指企业在本年内生产，并在本年内不再进行加工，经检验合格、包装入库的已经销售和准备销售的全部工业成品（包括半成品）价值合计。成品价值中包括企业生产的自制设备及提供给本企业在建工程、其他非工业部门和生活福利部门等单位使用的成品价值，但不包括用订货

者来料加工的成品（半成品）价值。

工业总产值是按现行价格计算的。成品价值按成品实物量乘以本年不含应交增值税（销项税额）的产品实际销售平均单价计算。会计核算中按成本价格转帐的自制设备和自产自用的成品，按成本价格计算生产成品价值。

②对外加工费收入：指企业在本年内完成的对外承做的工业品加工（包括用订货者来料加工生产）的加工费收入和对外工业品修理作业所收取的加工费收入。对外加工费收入按不含应交增值税（销项税额）的价格计算，可根据会计“产品销售收入”科目的有关资料取得。

对于以对外加工生产为主，对外加工费收入所占比重较大的企业，如果对外加工费收入出现跨年度支付的情况，为保证总产值生产口径计算的准确性，则应将对外加工费收入按实际情况调整，记录本年应实际收取的对外加工费收入。

③自制半成品在制品期末期初差额价值：为了使工业总产值与工业中间投入中的物耗价值一致，以便同口径地计算工业增加值，规定本指标的计算原则是：凡是企业会计产品成本核算中计算半成品、在制品成本，则工业总产值中必须包括自制半成品在制品期末期初差额价值。反之则不包括。

自制半成品在制品期末期初差额价值等于自制半成品在制品期末价值减去期初价值后的余额，如果期末价值小于期初价值，该指标为负值，企业在计算产值时，应按负值计算，不能作为零处理。

（3）工业总产值计算的几种具体规定

①凡自备原材料，不论其加工繁简程度如何，一律按全价，即包括自备原材料的价值，计算工业总产值。

②凡来料加工，加工企业一律按财务上结算的加工费计算工业总产值，即不包括定货者来料的价值。一般分两种情况：a. 工业企业之间的来料加工，加工企业（即承包单位）按财务上结算的加工费计算工业总产值；委托加工的企业（即发包单位）按全价计算工业总产值。b. 工业企业与非工业企业之间的来料加工，当工业企业作为加工企业时一律按加工费计算工业总产值。

③自制半成品、在制品期末期初差额价值，原则上应计入工业总产值，但如果会计产品成本核算中不计算自制半成品、在制品成本，则不计入工业总产值；如果会计产品成本核算中计算自制半成品、在制品成本的，则计入工业总产值。

2. 新产品产值（02）：指报告期本企业生产的新产品的价值，既包括经政府有关部门认定并在有效期内的新产品，也包括企业自行研制开发，未经政府有关部门认定，从投产之日起一年之内的新产品。

3. 工业销售产值（当年价格）（12）：是以货币形式表现的，工业企业在本年内销售的本企业生产的工业产品或提供工业性劳务价值的总价值量。工业销售产值包括的内容为：

（1）销售成品价值：指企业在报告期内实际销售（包括本期生产和非本期生产）的全部成品、半成品的总价值，即按报告期产品的实际销售数量乘以不含增值税（销项税额）的产品实际销售平均单价计算。销售成品价值包括为本企业在建工程，生活福利部门等提供的成品和自制设备价值，不包括用订货者来料加工的成品和半成品价值。

（2）对外加工费收入：指企业在报告期内完成的对外承接的工业品加工（包括用定货者来料加工的产品）的加工费收入；对外工业品修理作业可收取的加工费收入和对内非工业部门提供的加工修理、设备安装等收入。对外加工费收入按不含增值税（销项税额）的价格计算。

4. 出口交货值（13）：指工业企业交给外贸部门或自营（委托）出口（包括销往香港、澳门、台湾），用外汇价格结算的产品价值，以及外商来样、来料加工、来件装配和补偿贸易等生产的产品价值。在计算出口交货值时，要把外汇价格按交易时的汇率折成人民币计算。

5. 从业人员（14）：指在企业工作并取得劳动报酬的全部人员数。包括在岗职工、再就业的离退休人员及在企业工作的外方人员和港澳台方人员、兼职人员、借用的外单位人员和第二职业者。不包括离开本单位但仍保留劳动关系的职工。该指标反映了一定时期内全部劳动力资源的实际利用情况。

从业人员平均人数 = 报告期内每天平均拥有的从业人员人数。

从业人员年平均人数 = 全年各月平均人数之和/12

（六）主要经济指标

1. 流动资产（01）：指企业可以在一年内或者超过一年的一个生产周期内变现或者耗用的资产，包括现金及各种存款、短期投资，应收及预付款项、存货等。根据会计“资产负债表”中“流动资产合计”项的期末数填列。

2. 流动资产平均余额（02）：指企业在报告期内全部流动资产的平均余额。计算公式为

$$\text{流动资产年平均余额} = \frac{\text{1 至 12 月各月流动资产平均余额之和}}{12}$$

或

$$\text{流动资产年平均余额} = \frac{\text{1 至 12 月各月月初月末流动资产之和}}{24}$$

其中

$$\text{流动资产月平均余额} = \frac{\text{月初流动资产合计} + \text{月末流动资产合计}}{2}$$

$$\text{流动资产季平均余额} = \frac{\text{季内各月流动资产平均余额}}{3}$$

3. 固定资产原价（04）：指企业在建造、购置、安装、改建、扩建、技术改造某项固定资产时所支出的全部货币总额。根据会计“资产负债表”中“固定资产原价”项的期末数填列。

4. 生产经营用固定资产（05）：固定资产按其经济用途和使用情况综合分为七大类：生产经营用固定资产、非生产经营用固定资产、租出固定资产、不需用固定资产、未使用固定资产、土地、融资租入固定资产。

生产经营用固定资产指直接服务于企业生产、经营过程的各种固定资产，包括生产经营用的房屋、建筑物、机器设备、器具、工具等。

5. 固定资产净值年平均余额（06）：固定资产净值指固定资产原价减去累计折旧后的净额，其平均余额指报告期内余额的平均数。计算公式为

$$\text{固定资产净值年平均余额} = \frac{\text{1 至 12 月各月固定资产净值平均余额之和}}{12}$$

或

$$\text{固定资产净值年平均余额} = \frac{\text{1 至 12 月各月月初月末固定资产净值之和}}{24}$$

其中

$$\text{固定资产净值月平均余额} = \frac{\text{月初固定资产净值} + \text{月末固定资产净额}}{2}$$

6. 资产总计（07）：指企业拥有或控制的能以货币计量的经济资源，包括各种财产、债权和其他权利。资产按其流动性（即资产的变现能力和支付能力）划分为：流动资产、长期投资、固定资产、无形资产、递延资产和其他资产。根据会计“资产负债表”中“资产总计”项的期末数填列。

7. 负债合计（08）：指企业所承担的能以货币计量，将以资产或劳务偿付的债务，偿还形式包括货币、资产或提供劳务。负债一般按偿还期长短分为流动负债和长期负债。根据会计“资产负债表”中“负债合计”的期末数填列。

8. 所有者权益合计（09）：指企业投资人对企业净资产的所有权。企业净资产为企业全部资产

与企业全部负债的差额，包括实收资本、资本公积、盈余公积、未分配利润等。根据会计“资产负债表”中“所有者权益”项的期末数填列。

9. 实收资本（10）： 指企业投资者实际投入的资本（或股本），包括货币、实物、无形资产等各种形式的投入。实收资本按投资主体可分为国家资本、集体资本、法人资本、个人资本、港澳台资本和外商资本。根据会计“资产负债表”中“实收资本”项的期末数填列。

10. 营业收入（11）： 根据会计“利润表”中对应指标的本年累计数填列。未执行 2001 年《企业会计制度》的企业，用“产品销售收入”的本期累计数代替。

11. 营业成本（13）： 根据会计“利润表”中对应指标的本年累计数填列。未执行 2001 年《企业会计制度》的企业，用“产品销售成本”的本期累计数代替。

12. 主营业务税金及附加（14）： 根据会计“利润表”中对应指标的本年累计数填列。未执行 2001 年《企业会计制度》的企业，用“产品销售税金及附加”的本期累计数代替。

13. 营业费用（16）： 根据会计“利润表”中对应指标的本年累计数填列。未执行 2001 年《企业会计制度》的企业，用“产品销售费用”的本期累计数代替。

14. 管理费用（17）： 指企业行政管理部门为组织和管理生产经营活动而发生的各项费用。根据会计“利润表”中对应指标的本期累计数填列。

15. 财务费用（18）： 指企业为筹集生产经营所需资金等而发生的费用，包括利息支出、汇兑损失以及相关的金融机构手续费等。根据会计“利润表”中对应指标的本期累计数填列。

16. 利息支出（19）： 指企业在生产经营期间利息支出扣除利息收入后的净额。根据会计“财务费用”科目归纳计算本期累计数填列。

17. 补贴收入（21）： 指企业实际收到的补贴收入，包括实际收到的先征后返的增值税；企业按销量或工作量等，依据国家规定的补助定额计算并按期给予的定额补贴。根据“补贴收入”的发生额分析填列。

18. 利润总额（22）： 指企业在生产经营过程中各种收入扣除各种耗费后的盈余，反映企业在报告期内实现的亏盈总额，包括营业利润、补贴收入、投资净收益和营业外收支净额。根据会计“利润表”中的对应指标的本期累计数填列。

19. 应交所得税（23）： 指企业按税法规定，应从生产经营等活动的所得中交纳的税金。根据会计“利润表”中的对应指标的本期累计数填列。

20. 本年应交增值税（24）： 指企业按税法规定，从事货物销售或提供加工、修理修配劳务等增加货物价值的活动本期应交纳的税金。指企业在报告期应交增值税额。计算公式为

本年应交增值税＝销项税额－（进项税额－进项税额转出）－
出口抵减内销产品应纳税额－减免税款＋出口退税

21. 本年固定资产投资额（26）： 以货币形式表现的在一定时期内建造和购置固定资产的工作量以及与此相关的费用的总称。

22. 民用航空产品固定资产投资额（27）： 以货币形式表现的在一定时期内建造和购置生产民用航空产品的固定资产的工作量以及与此相关的费用。

23. 全部从业人员人数（28）： 指在企业工作并取得劳动报酬的全部人员数。包括在岗职工、再就业的离退休人员及在企业工作的外方人员和港澳台方人员、兼职人员、借用的外单位人员和第二职业者。不包括离开本单位但仍保留劳动关系的职工。该指标反映了一定时期内全部劳动力资源的实际利用情况。

24. 工程技术人员（29）： 指负担工程技术和工程技术管理工作并具有工程技术能力的人员，填报告期末人数。包括：①取得工程技术职务资格，已被聘或任命工程技术职务，并担任工程技术工作的人员；②无工程技术职务，但取得工程技术职务资格或从大学、中专理工科系毕业，并担任工程技术工作的人员；③未取得工程技术资格或学历，但实际担任工程技术工作的人员；④已取得

工程技术职务资格或从大学、中专理工科系毕业，在企业中担任工程技术管理工作的人员。包括：总工程师、车间主任，以及在计划、生产、生产准备、检查、安全技术、设计、工艺、劳动定额、工具准备、动力、基建、环境保护等科室从事工程技术管理工作的人员。不包括已取得工程技术职务资格或从大学、中专理工科系毕业，但未担任任何工程技术和工程技术管理工作的人员。

25. 研究与试验发展（R&D）：指在科学技术领域，为增加知识总量，以及运用这些知识去创造新的应用进行的系统的创造性的活动，包括基础研究、应用研究和试验发展三类活动。在工业企业开展的研究与试验发展（R&D）活动中，较为普遍的和大量的活动属于试验发展活动。

研究与试验发展（R&D）人员（30）：指企业科技活动人员中从事基础研究、应用研究和试验发展三类活动的人员。包括直接参加上述三类项目活动的人员及这三类项目的管理和服务人员。上述三类项目的管理和服务人员，可按研究与试验发展（R&D）项目人员占全部科技项目人员的比重进行推算。

26. 研究与试验发展（R&D）经费支出（31）：指报告年度在企业科技活动经费内部支出中用于基础研究、应用研究和试验发展三类项目以及这三类项目的管理和服务的费用支出。不论何种经费来源，只要实际用于上述三类项目的经费支出都应计算在内。具体计算办法：可将企业全部科技项目中确定为基础研究、应用研究和试验发展三类项目的经费支出加总，再加上按上述三类项目支出占全部科技项目经费支出比重计算分摊的科技管理和服务费用取得。上述三类项目经费支出包括的内容与科技活动经费内部支出按用途分组所列的支出项一致。

五、行业分类注释

3741　飞机制造

指在大气同温层内飞行的用于运货或载客，用于国防，以及用于体育运动或其他用途的各种飞机及其零件的制造，包括飞机发动机的制造。

包括对下列飞机的制造活动：

——（航空器用发动机）

——活塞式发动机：星形发动机、水平对置型发动机、其他活塞式发动机；

——涡轮发动机：涡轮喷气发动机、涡轮风扇发动机、涡轮螺桨发动机、涡轮轴发动机、其他涡轮发动机；

——喷气发动机：冲压式发动机、脉冲式发动机、其他喷气发动机；

——飞机用活塞发动机零件；

——民用飞机、民用直升机；

——飞机及直升机零件：机身体段及内外部零件，螺旋桨、旋翼、尾桨及零件，起落架及其零件，机载设备及其零部件，其他飞机及直升机零件；

——其他未列明飞机制造。

不包括：

——轻于空气的飞行器、气球等，列入3749（其他航空航天器制造）；

——航天飞机和航天飞机发射装置的制造，列入3742（航天器制造）；

——飞机上使用的带有电阻器的粒子加速器、信号发电机以及其他发动机械和装置，列入3899（其他未列明的电气机械及器材制造）。

4343　航空航天器修理

包括对下列航空航天器的修理活动：

——各种民用航空器及器材专业修理。

不包括：

——民用航空器及器材回生产厂修理，列入374（航空、航天器及设备制造）相关类别中。